이 땅 구석구석에서 교육의 고통이 사라지고
하나님이 기뻐하시는 교육을 이루도록
나의 자녀와 우리의 자녀들이
진정한 변화와 참 성공을 이룰 수 있도록

기꺼이 기도의 시간을 내어 주십시오.
정결한 기도의 제물이 되어 주십시오.
그런 마음을 담아,

———————— 님께

이 기도제단을 선물로 드립니다.

당신의 기도를 통해
하나님의 마음이 뜨거워지고,
하나님의 가슴이 시원해지며,
하나님의 역사가 시작되고,
또한 성취될 것입니다!

기독학부모 기도운동으로의 초대

박상진_기독교학교교육연구소 소장, 장신대 교수

기독교학교교육연구소는 하나님께서 기뻐하시는 교육이 이 땅 가운데 펼쳐지기를 기도합니다. 특히 교회의 많은 부모들이 기독학부모로서의 정체성을 지니고 교육회복의 주체로 서기를 소망합니다. 그러나 세속적이고 왜곡된 교육현실을 바꾸기 위해 우리의 실천과 노력도 매우 중요하지만, 그보다 선행되어야 할 것이 있습니다. 바로 먼저 하나님의 나라와 의를 구하면서 간절히 기도하는 것입니다. 그래서 우리는 기독학부모들이 함께 기도하는 '기도운동'을 펼치고자 합니다.

기독학부모는 기도하는 학부모입니다. 세속적이고 그릇된 모습의 기도를 드리지 않습니다. 내 자녀만이 아니라 하나님의 자녀들을 위한 기도, 기독교적 인재를 양성하고자 하는 겸손한 무릎의 기도, 이 땅의 교육을 향해 애통함을 지닌 기도, 새로운 교육의 희망으로 나아가는 실천적 걸음의 기도입니다. 이러한 기도는 하나님이 기뻐하시는 두드림이며, 교육의 영역에서 하나님의 나라를 확장하는 한 알의 밀알이 됩니다.

하나님께서 기뻐하시는 교육을 향한 여정

가정과 자녀, 교회와 학교를 살리는
기독학부모 기도운동 시리즈 3

기독학부모 열정 기도

7·8·9月

기독교학교교육연구소 편
기독학부모운동본부

예영커뮤니케이션

아래의 매일기도는 한날한날 정해진 기도와 함께 매일 기도해 주십시오! 기독학부모가 품에 안고 기도하는 매일의 기도를 하나님은 기뻐하십니다.

매일 기도

- 우리 교회와 교회학교의 교육을 위해서
- 우리 자녀가 다니는 학교, 교사, 친구들을 위해서
- 우리나라의 교육과 기독학부모 운동을 위해서
- 기독교학교교육연구소, 기독학부모운동본부를 위해서

모든 기도를 마친 뒤 오른쪽 손을 왼쪽 가슴에 대고 조용히 기독학부모구호를 외칩니다. 그리고 교육의 희망으로 헌신하기로 다짐합니다.

기독 학부모 구호

기독학부모! 교육의 새로운 희망입니다.
나는 기독학부모입니다!
나는 교육의 희망입니다!

　본 연구소는 가정과 자녀, 교회와 학교를 살리는 기독학부모 기도운동 시리즈 세 번째, 『열정』을 출간합니다. 이를 위해 신은정 기독학부모 팀장을 비롯해 노현욱, 도혜연 연구원이 큰 수고를 감당했습니다. 또한 가정과 교회, 학교에서 기독학부모를 세우고 있는 13명의 현장 전문가가 함께 집필을 했습니다.

　이 『열정』 기도책자를 통해 기독학부모들의 기도운동이 가정과 교회와 학교에서 만들어지고 기독학부모들의 기도가 나라 곳곳에 울려 퍼지기를 소망합니다.

열정기도 열 배 활용법

1. 개인 기도 시간에 가정과 자녀, 교회와 학교를 위해 기도할 때 유익하게 활용할 수 있습니다.

2. 개인 큐티와 함께 병행하여 사용하면 더욱 좋습니다.

3. 구역모임 같은 교회 소그룹 모임의 기도 시간에 교육과 관련된 기도를 위해 활용할 수 있습니다.

4. 기독학부모교실이나 기독학부모들의 기도모임에서 분명한 기도 제목으로 기도할 수 있습니다.

5. 교육과 관련하여 무엇을 기도해야 할 지 잘 모를 때 본 책자는 체계적인 기도의 길을 보여 줄 것입니다.

6. 본 기도운동 시리즈는 『희망』, 『생기』, 『열정』, 『애통』 총 4권으로, 일 년 365일 날짜에 맞추어 기도할 수 있도록 만들어졌습니다. 따라서 가능한 매일 기도해 주십시오.

7. 정해진 날에 기도하지 못했더라도 넘어가고, 날짜에 맞추어 기도하는 것이 좋습니다. 특별한 날이나 기간에 맞추어 기도의 내용이 달라지기 때문입니다.

8. 빠진 기도는 한 달이나 한 주에 한 번 적절한 시간을 마련하여 집중기도 형태로 할 수도 있습니다.

9. 스스로를 위한 경건 훈련의 도구로 활용하시면 좋습니다. 제일 앞쪽의 '매일기도', '기독학부모구호'는 매일 한 뒤, 점검 네모에 표시해 주세요.

10. 어떤 기도는 특별한 연령층의 자녀를 위한 것일 수 있습니다. 나의 자녀가 그 연령에 해당하지 않을 때는 그 연령에 해당하는 이 땅의 자녀들을 위해 기도하는 사랑의 중보를 해 주시기 바랍니다.

기도의 선정과 구성

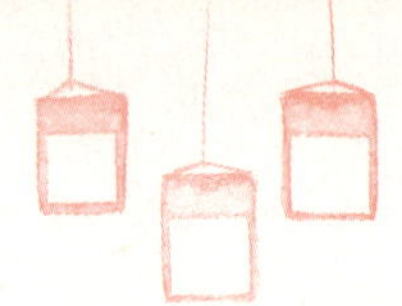

　본 열정기도에는 기독학부모가 마땅히 기도해야 할 매일기도와 가정예전을 위한 기도가 포함되어 있습니다. 총 4권으로 개발된 본 기도 시리즈의 기도들은 기독학부모운동본부에서 기독학부모의 교육을 위해 사용 중인 『기독학부모교실』(예영커뮤니케이션, 2012)의 내용구조를 토대로 하고, 기독학부모들의 필요를 조사하여 8개의 대요목을 정한 뒤, 그것을 70여 개의 중요목으로 구분하고, 다시 365개의 핵심기도제목으로 나누어 만들었습니다. 그리고 별도로 특별 기도를 덧붙였습니다.

　1. 기독학부모의 정체성　기독학부모로서의 바른 정체성을 지니고 바른 관심과 책임으로 자녀들을 교육할 것과 교육고통 중 무분별한 사교육과 관련한 기도제목으로 구성하였습니다.

　2. 기독학부모의 교육보기　각 교과 속에서 하나님의 진리와 뜻을 발견하는 것, 타종교 학교 및 이단이 세운 학교에 관한 기도제목으로 구성하였습니다.

　3. 기독학부모의 자녀이해　자녀의 신앙발달을 통합적으로 이해하기 위해 신앙발달 단계에 맞는 기도 및 신념과 헌신, 신비, 관계차원 그리고 하나님의 은혜로 성숙하기를 바라는 것과 관련한 기도제목으로 구성하였습니다.

4. 여호와 경외교육 여호와 경외교육이 가정에서부터 전수되기를 소망하면서 여름방학에 집중적으로 갖게 되는 교회의 성경학교, 수련회를 위한 기도와 추석을 맞이하여 가족 간의 우애 및 믿지 않는 가족 등과 관련한 기도제목으로 구성하였습니다.

5. 기독학부모의 성품교육 인성이나 성품교육을 등한시 여기는 교육 풍토의 변화를 위해 가정과 교회의 역할과 관련한 기도제목으로 구성하였습니다.

6. 기독학부모의 학업과 은사이해 1학기를 잘 마무리하게 하신 하나님께 감사하며 방학생활을 짜임새 있게 보내는 것, 자녀의 숨겨진 은사를 개발하는 것과 관련한 기도제목으로 구성하였습니다.

7. 기독학부모의 학교보기 하나님의 교육이 회복되어야 할 영역인 공교육과 미션스쿨의 학교 본질 회복과 공동체성, 교육과정 및 교사 능과 관련한 기도제목으로 구성하였습니다.

8. 기독학부모의 하나님 나라 교육운동 하나님께서 기뻐하시는 교육이 이 땅에 펼쳐지기 위해서 기독교교육학자 및 교육과정 담당자 그리고 기독학부모운동본부의 사역과 관련한 기도제목으로 구성하였습니다.

9. **기도예전** 가정을 거룩한 예배 처소로 만들기 위한 기도를 특별히 구분하여 모았습니다. 『열정기도』는 『생기기도』와 마찬가지로 '이른 비, 늦은 비 기도'를 통해 가정이 매일 자녀의 축복이 이루어지는 곳이 되도록 자료를 첨부하였습니다. 그리고 방학을 맞아 가족이 함께 시간을 보낼 수 있는 국내 성지순례에 대한 간략한 안내와 광복절, 추석의 가정예전과 관련한 예배 안을 제공하였습니다.

하나님의 이끄심이 있는 가정이 되기를 기독학부모는 매일의 삶 속에서 간구하고 실천해야 할 것입니다.

기독학부모 기도운동 시리즈
세 번째 주제는 '**열정**'입니다.
그리고 7월의 묵상 주제는
'**믿음**'입니다.
기도를 돕는 격언과 말씀은
부모와 자녀의 '**믿음**'과
'**신앙의 대 잇기**'와 관련됩니다.

7월 첫날의 기도

흰 구름 뭉게뭉게 피는 하늘, 은빛 찬란한 강물, 청포도의 상쾌한 맛을
누리게 하신 주님을 찬양합니다. 하나님께서 도와주셔서
올해의 새로운 반을 시작하는 7월에도 하나님의 은혜가
가정과 교회, 학교와 이 사회에 가득하기를 소원합니다.
이 땅 모든 교육의 길에 하나님의 열정이 가득하게 하옵소서.
우리 자녀의 학업의 길에 주님께서 동행하여 주시옵소서.
교육이 회복되는 소식을 '기독학부모'인 우리를 통해 들리게 하옵소서.
교사와 학부모, 학교와 가정이 함께 합력하게 하시고
교회가 지역사회의 교육을 아름답게 세워 나가게 하옵소서.
열심히 달려온 한 학기가 마무리되고 있습니다.
가정과 교회, 학교에서 열심히 달려온 우리의 자녀를 축복하여 주시고,
학업 가운데 진리를 발견하고
장차 나아가야 할 길을 생각하는 일상을 보내게 하옵소서.
여름 방학을 맞이하게 하신 하나님!
쉼과 충전의 시간을 주신 하나님의 은혜를 기억하면서
학기 중에 하지 못했던 것들을 이룰 수 있도록 도와주시옵소서.
특히 교회 공동체 가운데 이루어지는 신앙훈련의 여정에
주님이 동행하여 주셔서
주님을 더 깊이 알아가고 만나는 귀한 시간이 되게 하옵소서.
예수님의 이름으로 기도합니다. 아멘.

발달수준을 고려하지 않은 사교육 현실을 애통해하는 기도

우리를 기독학부모로, 교육의 희망으로 불러 주신 하나님께 감사를 드립니다. 하지만 우리 주변의 교육현실을 보면 자녀들의 발달 수준을 고려하지 않은 무분별한 사교육으로 자녀들이 점점 병들어 가고 있습니다. 자녀들이 제 나이에 꼭 경험하고 배워야 할 내용을 교육받지 못하다 보니 신체적·지적·사회적·영적 부분에서 균형 잡힌 성장을 하지 못하고 있고, 자신이 감당하기 힘든 교육 고통을 당하고 있습니다.

하나님! 학부모들의 그릇된 열정을 돌이켜 하나님의 열정으로 채워지게 하시고, 지나친 선행학습으로 자녀들이 앞서가기를 바라기보다는 한 걸음 한 걸음 삶을 바르게 내딛는 것을 소망하게 하옵소서. 자녀들의 발달 수준에 맞는 교육 내용과 과정이 잘 개발되고 발전하여 가정과 학교에서 잘 이루어지게 하옵소서.

기독학부모들이 자녀들의 발달 수준에 맞는 지적·영적 교육을 가정에서 잘 실천하게 하시고, 자녀의 가슴 속에 여호와 닛시 승리의 깃발을 믿음으로 꽂을 수 있도록 도와주시옵소서. 예수님의 이름으로 기도합니다. 아멘.

믿음이 없어 하나님의 약속을 의심하지 않고 믿음으로 견고하여져서 하나님께 영광을 돌리며_롬 4:20.

오늘의 기도

매일기도 ☐   학부모구호 ☐

수학에서 하나님의 진리와 뜻을 발견하기 위한 기도

온 우주를 완전한 수학적 질서와 법칙 가운데 창조하시고 지금도 섭리하시는 하나님을 찬양합니다. 또한 사람에게 하나님의 법칙과 질서를 볼 수 있는 지혜와 눈을 주셔서 그것을 수학이라는 학문으로 정리하도록 허락하신 은혜에 감사를 드립니다.

이런 하나님의 법칙과 질서를 우리나라의 수학 교육이 섬기고 따르기를 원합니다. 수학 교육이 궁극적으로 하나님을 향하게 하시고, 하나님의 중요한 섭리의 방법 가운데 하나인 것을 깨닫게 하는 도구가 되게 하옵소서. 수학적 능력으로 사람이 높아지고 교만해지며 자신의 능력을 신뢰하는 것이 아니라 하나님을 인정하고 섬기며 더 알기를 소망합니다. 그리고 입시와 성적 중심으로 수학 교과를 이해하고 이용하는 그릇된 세상의 흐름을 막아 주시고, 우리 자녀에게 수학을 할 줄 아는 참 능력과 지혜를 기르는 교육이 이루어지게 하옵소서.

수학 교육이 이루어지는 모든 곳에서 수학의 과정과 길, 지혜를 길러 주는 것이 중심이 되게 하시고, 그렇게 자라난 자녀의 지식과 지혜를 통해 하나님이 지으신 창조 세계의 문제들이 해결되고, 인간 사회도 바름의 질서를 찾아가는 역사가 일어나게 하옵소서. 예수님의 이름으로 기도합니다. 아멘.

영혼 없는 몸이 죽은 것 같이 행함이 없는 믿음은 죽은 것이니라 _약 2:26.

오늘의 기도

매일기도 ☐ 학부모구호 ☐

죄를 짓고 변명하는 것보다
참회의 눈물을 머금는 것이 훨씬 낫다_토마스 아퀴나스.

신념 차원의 신앙형성을 위한 기도

다양한 차원의 신앙을 갖게 하신 하나님, 우리 부모와 자녀들의 신앙의 다양한 차원이 균형 있고 건강하게 형성되기를 원합니다.

이 시대는 인간적 차원에만 머무르거나, 거짓 진리에 기초한 그릇된 믿음이 만들어져 교회가 세속화되고 있으며, 이단들의 위협을 받고 있습니다. 하나님, 교회와 가정마다 진리의 성경에 뿌리를 내린 건강하고 바른 믿음이 형성되게 하옵소서. 교회와 세상에 가득한 믿음 가운데 바른 것을 선택할 수 있도록 성령께서 지켜 주옵소서.

믿음의 뿌리요 생명인 하나님과의 신뢰 관계가 잘 형성될 수 있도록 교회와 가정에서의 관계가 건강하게 맺어지게 하시고, 믿음이 신앙을 망가뜨리거나, 믿음을 무시하는 공허한 신앙이 되지 않도록 성경을 중심으로 한 바른 신앙 양육이 이루어지게 하옵소서. 예수님의 이름으로 기도합니다. 아멘.

믿음이 강한 우리는 마땅히 믿음이 약한 자의 약점을 담당하고 자기를 기쁘게 하지 아니할 것이라_롬 15:1.

오늘의 기도

매일기도 ☐ 학부모구호 ☐

성품을 등한시하는 가정의 교육풍토 변화를 위한 기도

하나님, 지금까지는 자녀의 삶이 어른이 되기 위한, 대학을 가기 위한, 시험을 잘 보기 위한 준비 기간이라고 생각하였습니다. 힘들어하는 자녀를 보면서도 참고 견디라고만 다그친 우리의 모습을 봅니다. 어떤 사람으로 살아가느냐보다 오직 공부만 잘하면 자녀 삶의 모든 것이 해결된다고 생각하였던 부모 된 우리를 용서하여 주옵소서. 자녀가 착한 성품을 가지고 있어도 세상이 원하는 기준에 미달되면 성에 차지 않아 다그치고 평가절하했던 모습을 돌이킵니다.

이제는 잘못된 길에서 돌이켜 무엇보다 하나님을 기쁘시게 하는 성품을 물려주는 부모가 되게 하옵소서. 우리 마음 가운데 여유를 주시고, 세상의 기준이 아닌 하나님의 기준을 확고히 자리 잡게 하셔서 자녀가 바른 성품으로 하나님께 칭찬받는 것을 기뻐하는 부모가 되게 하소서. 하나님께서 자녀에게 허락하신 아름다운 성품이 무엇인지 관찰하게 하시고, 또한 성품을 훈련하여 그리스도의 장성한 분량에까지 자라나게 하옵소서. 자녀가 훈련된 성품으로 평생을 살아갈 수 있도록 격려하는 부모가 되게 하옵소서. 예수님의 이름으로 기도합니다. 아멘.

믿음이 연약한 자를 너희가 받되 그의 의견을 비판하지 말라_롬 14:1.

오늘의 기도

매일기도 ▢ 학부모구호 ▢

미션스쿨의 본질 회복을 위한 제도적 노력을 위한 기도

우리가 사는 세상의 모든 것을 주관하시는 하나님께 감사를 드리며 기도합니다. 미션스쿨을 미션스쿨답게 하는 모든 행정과 제도를 주님께서 주관하여 주시기를 기도합니다. 우리가 사는 대한민국에서는 미션스쿨의 가치를 지키지 못하게 하는 많은 사회적 장치와 제도가 있습니다.

그 장치와 제도는 사람들이 연구하는 가운데 학생들을 위해 최선으로 만들어진 것이지만, 그것이 결과적으로 학교 안에서의 선교와 종교교육을 어렵게 하고 있습니다. 다시 한 번 사람의 지혜가 최선이 아님을 깨닫고 주님께 회개하며 도움을 구합니다. 미션스쿨을 지혜롭게 하시고 순전하게 하셔서 우리가 올바르게 하나님 나라를 위한 미션스쿨의 본질을 회복하게 하여 주옵소서.

우리가 미션스쿨이 주님의 복음을 전하는 장소임을, 예수님의 교육을 실천하는 장소임을 다시금 천명할 지혜와 용기를 주옵소서. 또한 제도를 위해 움직일 지혜와 모임을 허락하여 주옵소서. 예수님의 이름으로 기도합니다. 아멘.

믿음이 온 후로는 우리가 초등교사 아래에 있지 아니하도다_갈 3:25.

오늘의 기도

매일기도 □　학부모구호 □

기독학부모 기도운동의 확산을 위한 기도

우리를 기독학부모로 불러 주신 하나님, 이제는 입술로만 기독학부모라 고백하는 것이 아니라 우리의 삶을 다해 고백하기를 원합니다. 자녀의 학업과 성품, 신앙교육에 앞서 기도하는 기독학부모가 되게 하옵소서.

매일매일 우리의 자녀를 위해 기도하게 하는 『기독학부모 희망, 생기, 열정, 애통 기도』를 통하여 무릎으로 주님께 나아가게 하시고, 혼자 골방에 들어가 기도하는 것을 넘어 함께 기도하며 기도의 물꼬를 트게 하옵소서.

이 땅 가운데 기도하는 기독학부모가 많아지기를 소망합니다. 교육의 회복을 위하여, 우리의 자녀를 위하여, 이 땅의 학교와 교사, 가정을 위하여 함께 기도하는 기독학부모가 많아지게 하옵소서. 교회에서, 학교에서 기도 모임을 시작하게 하옵소서. 세속적인 기도제목이 아닌 바른 가치의 기도제목으로 먼저 하나님의 나라와 뜻을 구하는 기독학부모가 되게 하옵소서. 이 땅의 기독학부모들이 주님 안에서 한 마음을 품고 열정을 다하는 기도의 물결이 황폐한 교육의 땅을 엎어 하나님의 열정으로만 가득 넘치게 하옵소서. 주님께서 행하실 일을 기대하며 예수님의 이름으로 기도합니다. 아멘.

믿음은 바라는 것들의 실상이요 보이지 않는 것들의 증거니_히 11:1.

오늘의 기도

매일기도 ☐ 학부모구호 ☐

자신으로 꽉 채워진 사람 외에
하나님은 절대로 빈 손으로 돌려보내지 않는다_D.L. 무디.

사교육비 고통에 대한 기도

우리를 교육의 가나안으로 이끌 이 시대의 모세로 불러 주신 하나님께 감사를 드립니다. 하지만 오늘날 공교육이 무너진 상황에서 자녀와 학부모가 사교육 문제로 엄청난 고통을 당하고 있습니다.

국가에서는 고질적인 교육문제를 해결하기 위해 정권이 바뀔 때마다 다양한 정책과 방법을 제시하지만 근본적으로는 해결되지 않고 오히려 교육현장에 있는 교사와 학생과 학부모에게 큰 혼란과 무거운 짐을 지어주고 있습니다. 특히 사교육이 더욱 심화되고, 그로 인한 사교육비의 엄청난 증가로 가정에 큰 부담을 주고 있습니다.

하나님, 이 시대의 사교육비 문제로 큰 아픔과 상처를 받고 있는 가정들을 위로하시고 주님의 은혜로 회복시켜 주시옵소서. 그래서 각 가정에 필요한 하늘의 만나와 메추라기를 때에 따라 공급하여 주시고, 믿음의 불기둥, 구름기둥을 의지하며 교육의 가나안을 향해 전진할 수 있도록 도와주시옵소서. 예수님의 이름으로 기도합니다. 아멘.

그러므로 믿음으로 말미암은 자는 믿음이 있는 아브라함과 함께 복을 받느니라
_갈 3:9.

오늘의 기도

매일기도 ☐ 학부모구호 ☐

외국어에서 하나님의 진리와 뜻을 발견하기 위한 기도

세계 각 나라, 민족, 부족의 말과 방언으로 하나님의 뜻을 알리시고, 하나님의 풍성하신 역사를 기록하시며 전하게 하시는 하나님, 이렇게 모든 형태의 언어를 통하여 사람들이 하나님을 만나고 알게 하신 것에 감사를 드립니다.

우리 외국어 교육에서 하나님의 풍성한 계시가 잘 드러나기를 원합니다. 오늘날 외국어 교육은 영어와 기타 외국어로 등급이 나누어져서 언어 간 차별이 생겨났고, 언어와 문화의 확장을 통한 국제적 감각과 영향력 확대가 아닌 성적과 경쟁의 도구로 바뀌어 버렸습니다. 사람의 잘못으로 사교육과 악한 교육의 도구가 되어 버린 외국어 교육이 그 본질과 방향을 회복할 수 있게 하옵소서.

외국어 교육을 통해 우리나라와 세계에 기여하는 다국어 인재가 배출될 수 있게 하시고, 무엇보다 모든 나라에서 역사하시는 하나님의 풍성한 계시를 더 넓고 깊게 만날 수 있게 해 주시기를 원합니다. 또한 기독교인으로서 온 세계에 나아가 하나님의 나라를 섬기는 인재들이 길러지는 발판이 되도록 외국어 교육 가운데 하나님의 주권과 하나님의 나라가 임하기를 원합니다. 이를 위해 외국어 교육과정이 계속 발전하게 하시고, 교사들 또한 바른 교육의 길을 따르게 하옵소서. 예수님의 이름으로 기도합니다. 아멘.

믿음의 결국 곧 영혼의 구원을 받음이라_벧전 1:9.

오늘의 기도

매일기도 ☐ 학부모구호 ☐

폭풍이 일고, 파도가 때리고, 번개가 치고, 비바람이 몰아칠 때 절벽의 깨진 틈 속, 어미새 품에서 곤히 잠든 어린 새야말로 그리스도 안에서 신자가 누리는 평화를 잘 말해 준다_빌리 그레이엄.

관계 차원의 신앙형성을 위한 기도

사랑과 신실한 관계 속에서 신앙이 자라게 하신 하나님, 우리의 자녀가 자라나면서 삶의 한복판에 역사하시는 살아계신 하나님을 만나고, 그 하나님과 평생 친밀한 관계를 맺으면서 살기를 원합니다.

하나님과의 생생하고 친밀한 관계를 맺음으로써 머리로만 하나님을 이해하고 형식적으로 예배드리는 모양뿐인 신앙이 아니라, 언제나 하나님 앞에서 살아가며, 하나님과 동행하는 참된 신앙이 형성되게 하옵소서.

또한 하나님과의 관계 형성에 토대가 되는 교회와 교회학교가 건강한 공동체를 만들게 하셔서 인격적인 나눔과 소통이 이루어지고, 사랑과 신뢰의 사귐이 나타나게 하옵소서. 이로써 성경에 기초하여 신앙이 잘 형성되도록 지원받고, 도전받는 참여적 관계가 만들어지게 하옵소서. 예수님의 이름으로 기도합니다. 아멘.

믿음으로 노아는 아직 보이지 않는 일에 경고하심을 받아 경외함으로 방주를 준비하여 그 집을 구원하였으니 이로 말미암아 세상을 정죄하고 믿음을 따르는 의의 상속자가 되었느니라_히 11:7.

오늘의 기도

매일기도 □ 학부모구호 □

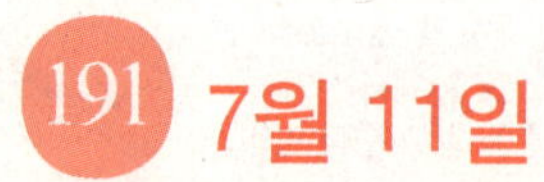

성품교육의 중심이 교회가 되길 간구하는 기도

하나님, 이 땅의 자녀들이 예수 그리스도의 성품을 닮아가길 원합니다. 이를 위해 가정과 학교가 힘쓰게 해 주신 것뿐 아니라 교회도 동역자로 세워 주심에 감사를 드립니다. 교회가 그동안 오직 말씀, 오직 은혜만을 외치면서 신앙의 문제를 삶으로 끌어 내리지 못한 것을 회개합니다. 이제는 교회가 돌이켜 아는 신앙에 그치는 것이 아니라 행하는 신앙인이 될 수 있도록 교육하게 하옵소서.

성령님께서 교회 가운데 생기를 불어넣어 주시어서, 교회가 자녀들을 하나님의 성품을 지닌 자로 자라도록 가르치는 교육의 중심이 되게 하옵소서. 교회가 책임감을 지니고 예수님의 성품을 닮아가도록 자녀들을 교육할 때, 사랑, 희락, 화평, 오래 참음, 자비, 양선, 충성, 온유, 절제의 성령의 열매가 맺힐 줄 믿습니다.

우리 자녀가 속한 환경인 가정, 교회, 학교, 지역사회가 함께 아름다운 성품을 형성하도록 자녀를 굳건히 세워 학원폭력, 집단 따돌림 등과 같은 어려움 속에서도 선을 이루며 화목케 하는 축복의 통로가 되게 하옵소서. 예수님의 이름으로 기도합니다. 아멘.

믿음 안에서 참 아들 된 디모데에게 편지하노니 하나님 아버지와 그리스도 예수 우리 주께로부터 은혜와 긍휼과 평강이 네게 있을지어다_딤전 1:2.

오늘의 기도

매일기도 ▢ 학부모구호 ▢

목적 없이 존재하는 것은 아무것도 없다_샤를 보들레르.

학기 말 학교생활을 위한 기도

끝까지 우리를 사랑하시는 하나님, 자녀가 은혜 가운데 한 학기를 마무리하는 기말고사를 치렀습니다. 노력한 만큼 결과가 나오지만 때로는 기대보다 더 좋은 성적으로, 때로는 기대보다 더 못한 성적으로 자녀들의 마음이 복잡할 때가 있습니다. 낙심한 자녀에게 위로자가 되어 주시고, 겸손하게 학업의 길에서 최선을 다하도록 인도하여 주시옵소서.

특별히 기말고사를 치르고 난 이후 학교생활을 위해서 기도합니다. 기말고사 후 수업 분위기가 잡히지 않아 영화 상영 혹은 TV 시청을 한다는 말도 들려옵니다. 선생님들도 학기말 수업을 어려워하고 학생지도를 버거워하는 듯 보입니다. 아이들도 긴장이 풀어져서인지 방황하는 기색이 역력한데 사고라도 나면 어찌하나 걱정도 됩니다.

주님! 시험이 마치고 학기가 끝났다고 해서 시간을 대충 보내는 것이 아니라 긴장을 풀어 가면서도 건전하게 마무리를 잘할 수 있도록 선생님과 우리의 자녀들을 도와주시옵소서. 더 많은 웃음과 대화, 기분 좋은 탐구시간이 자리하도록 인도하여 주시옵소서. 예수님의 이름으로 기도합니다. 아멘.

> 믿음으로 아벨은 가인보다 더 나은 제사를 하나님께 드림으로 의로운 자라 하시는 증거를 얻었으니 하나님이 그 예물에 대하여 증언하심이라 그가 죽었으나 그 믿음으로써 지금도 말하느니라_히 11:4.

오늘의 기도

매일기도 □ 학부모구호 □

미션스쿨의 교사를 위한 기도

학교 안의 모든 희로애락 속에 계시는 우리 하나님께 기도합니다. 미션스쿨 안의 선생님들을 축복하여 주옵소서. 우리 자녀들의 모든 가르침과 삶의 자세 희로애락이 그들에게서 완성됨을 기억하도록 하여 주옵소서. 그들의 삶이 우리의 자녀들에게 모델로 남는다는 것을 선생님들이 기억하도록 하여 주시고, 선생님들의 삶 가운데 주님의 임재가 있도록 인도하여 주옵소서. 믿지 않는 우리의 자녀들에게도 주를 믿는 교사의 모습이 참 예수 그리스도를 닮아가는 모습이 되게 하여 주옵소서. 선생님들이 우리 자녀를 가르칠 때마다 우리의 자녀들이 참 지혜를 얻게 하시고 참 모습을 지니게 하시고 참 지식을 습득하게 하여 주옵소서.

선생님들의 헌신이 우리의 자녀들을 무릎 꿇는 자리로 인도하게 하여 주옵소서. 학교 안에서 하나님을 향한 눈물과 인내가 있게 하시고 그 가운데 주님을 향한 예배가 회복되도록 인도하여 주옵소서. 우리의 학교가 참 예배와 참 지식과 주님의 자녀들이 있는 그 장소가 되도록 인도하여 주옵소서. 예수님의 이름으로 기도합니다. 아멘.

네가 보거니와 믿음이 그의 행함과 함께 일하고 행함으로 믿음이 온전하게 되었느니라_약 2:22.

오늘의 기도

매일기도 ☐ 학부모구호 ☐

기독학부모 운동을 후원하고 헌신하길 다짐하는 기도

우리를 기독학부모로 불러 주신 하나님, 우리의 머리로는 기독학부모 운동이 필요하다고 생각하면서도 굳이 내가 하지 않아도 내가 아닌 다른 누군가에 의해서 될 거라는 안일한 생각을 지니고 살았음을 고백합니다.

하나님, 그러나 이 일이 나 자신의 유익을 위한 일이 아니라 오직 이 땅 가운데 하나님의 나라를 확장시키기 위한 일임을 고백합니다. 그리고 이제 제가 이 일을 위해 헌신하기로 다짐합니다. 이 땅에 기독학부모 운동이 아름답게 자리 잡아 나아갈 수 있도록 기독학부모를 세우는 것에, 함께 모여 기도하는 것에 헌신하며 후원하기로 다짐합니다. 재정적인 후원을 넘어 하나님께서 주신 시간, 몸, 재능, 달란트 등으로 이 일에 함께 동역하며 나아갈 수 있도록 이끌어 주옵소서.

이 땅 가운데 열정을 지닌 기독학부모들이 연합하여 하나님께서 보시기에 아름다운 기독학부모 운동이 퍼져 나아가길 소원합니다. 그리고 그렇게 인도하실 하나님을 기대하며, 예수님의 이름으로 기도합니다. 아멘.

믿음의 기도는 병든 자를 구원하리니 주께서 그를 일으키시리라 혹시 죄를 범하였을지라도 사하심을 받으리라_약 5:15.

오늘의 기도

매일기도 ☐ 학부모구호 ☐

완전한 인격의 특징은, 마치 하루하루를 자기의 마지막 날인 것처럼 보내고, 동요되거나 무기력해지지 않고 위선을 행하지 않는 것이다_마르쿠스 아우렐리우스.

사교육에 대한 기도

정의를 물같이 공의를 하수같이 흘려보내시며 가정과 사회와 민족과 나라를 온전하게 세우시길 원하시는 하나님 아버지! 교육의 영역에서도 하나님의 공의와 정의가 온전히 세워지길 소망합니다.

하지만 오늘날 우리 사회 변화 속도가 빠르게 진행되면서 점점 세대 간, 계층 간, 지역 간의 갈등과 분열이 커지고 있습니다. 교육의 영역에서도 부익부 빈익빈 문제가 심각합니다. 엄청난 사교육의 확장으로 의롭지 못한 교육이 발생하며, 이로 인해 수많은 가정이 신음하며 아파하고 있습니다.

특별히 사교육으로 교육의 출발점부터 불공평하고, 교육의 과정에서 수많은 반칙과 변칙이 난무하는 이 땅의 교육현장을 불쌍히 여겨 주시옵소서. 다시 하나님의 공의와 정의의 생명수로 혼탁해지고 더러워진 교육의 강물을 깨끗하게 정화시켜 주시옵소서. 그래서 죽어 가던 교육의 강물에 다시 생명이 살아나며, 희망이 꽃피도록 도와주시옵소서. 예수님의 이름으로 기도합니다. 아멘.

믿음으로 말미암아 그리스도께서 너희 마음에 계시게 하시옵고 너희가 사랑 가운데서 뿌리가 박히고 터가 굳어져서_엡 3:17.

오늘의 기도

매일기도 ☐ 학부모구호 ☐

우리가 어릴 때엔 천국이 우리 주변에 있다_윌리엄 워즈워드.

화학에서 하나님의 진리와 뜻을 발견하기 위한 기도

만물을 지으시되 다양한 물질로 구성하시고, 어떤 것에는 살아 있도록 생명을 주시며, 특별히 사람에게는 하나님의 생기를 주셔서 살아 있을 뿐 아니라 하나님과 사귈 수 있도록 허락하신 은혜에 감사드립니다.

이처럼 하나님께서 구별하여 선물하신 물질의 법칙과 질서를 우리나라의 화학교육이 바르게 섬기기를 원합니다. 화학교육이 만물과 생명체, 사람을 구성하고 살아 있게 하는 물질에 대해 바로 알고, 그 물질이 이루는 물질세계의 법칙과 질서를 깨달아 하나님의 피조 세계를 온전하고 건강하게 지켜 내는 일에 토대가 되기를 원합니다. 뿐만 아니라 바른 화학교육의 선한 지혜를 통해 새로운 물질을 개발하여 피조세계가 더 온전하고 풍성해지는 일에 기여하는 사람이 많이 배출되기를 원합니다.

더 나아가 물질만으로는 결코 온전할 수 없는 피조세계의 본질을 깨닫고, 물질에 대한 하나님의 주권을 인정하며, 하나님의 영이 베푸시는 생명과 생기를 우리나라의 화학교육이 잘 섬기게 하옵소서. 화학교육이 물질세계 속에 가득한 하나님의 지혜와 섭리를 발견하고 느끼면서 하나님의 완전하신 창조를 깨닫게 하시고, 그 온전함과 완전함을 찬양하는 감동과 은혜의 교육이 되게 하옵소서. 예수님의 이름으로 기도합니다. 아멘.

믿음과 착한 양심을 가지라_딤전 1:19.

오늘의 기도

매일기도 ☐ 학부모구호 ☐

인간은 그들이 얼마나 고결하게 사느냐에는 관심을
두지 않고, 얼마나 오래 살 것인가만을 염려한다
_루키우스 안나이우스 세네카.

헌신 차원의 신앙형성을 위한 기도

하나님을 향한 헌신을 통해 신앙이 형성되고 성숙하게 하신 하나님, 부모와 자녀들이 하나님께 또한 하나님의 나라를 위한 부르심에 즐겁게 참여하고 헌신하기를 원합니다.

하나님을 향한 헌신이 머리와 마음에만 머물지 않게 하시고, 하나님 나라의 소명과 사명을 위해 시간, 돈, 달란트, 재능, 몸 등을 구체적으로 투자하는 의지의 결단에까지 나아가게 하옵소서. 그러나 행위를 통해 자신의 공로를 쌓는 그릇된 열매를 맺지 않도록 또 다른 신앙의 차원인 하나님과의 신뢰관계와 신비차원도 건강하게 자리 잡기를 원합니다. 우리 부모와 자녀가 헌신을 통해서만 맛볼 수 있는 신앙의 깊고 성숙한 차원까지 이르기를 원합니다.

교회와 가정의 신앙교육이 의지, 긍정적 사고 등 인간적 차원의 헌신이 아니라 나와 함께하시고, 사랑으로 역사하시는 하나님께 헌신의 토대를 두도록 돕는 진정한 헌신 교육이 있게 하옵소서. 예수님의 이름으로 기도합니다. 아멘.

신화와 끝없는 족보에 몰두하지 말게 하려 함이라 이런 것은 믿음 안에 있는 하나님의 경륜을 이룸보다 도리어 변론을 내는 것이라_딤전 1:4.

오늘의 기도

매일기도 ☐   학부모구호 ☐

한 학기를 마무리하며 드리는 감사의 기도

때를 따라 도우시는 참 좋으신 하나님! 처음 학기가 시작할 때에 여러모로 걱정과 기대가 가득했습니다. 하루 동안 자녀가 무엇을 배우고, 어떤 친구와 밥을 먹고, 선생님의 수업지도에 어떤 관심과 태도로 대하는지 일거수일투족을 다 궁금해했습니다. 그리고 자녀와 함께할 수 없어 답답하기도 했습니다. 하지만 늘 신실하신 하나님이 도와주실 것을 믿고 기도하며 기대했습니다.

특히 존경하는 귀한 선생님을 만나기를, 좋은 친구를 만나 우정 쌓기를, 학과목 가운데서 하나님의 진리를 발견하고 성실하게 공부하기를 기도하며 걸어온 길을 돌아보면, 어느 것 하나 주님이 간섭하지 않으신 일이 없었음을 고백합니다.

또한 한 학기 한 학기 시간을 보내면서 학교와 우리 자녀를 위해서 기도하며 '기독학부모'로 살아가려고 노력했는데 제가 성숙하도록 훈련시켜 주신 주님께 감사합니다. 그릇되고 왜곡된 교육관으로 하마터면 소중한 자녀와 그 교육에 주님을 놓치고 향방 없이 방황할 뻔 했습니다. '기독학부모'로 이끌어 주신 주님께 감사를 드립니다. 주님의 뜻 가운데서 다음 학기도 인도하여 주시옵소서. 예수님의 이름으로 기도합니다. 아멘.

나는 선한 싸움을 싸우고 나의 달려갈 길을 마치고 믿음을 지켰으니 _딤후 4:7.

오늘의 기도

매일기도 □ 학부모구호 □

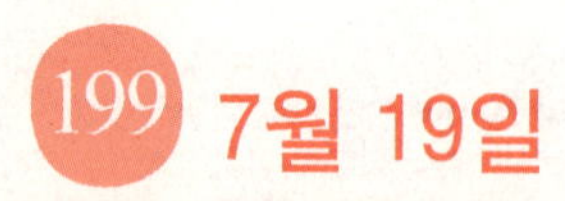

미션스쿨 운영자를 위한 기도

지도자를 세우셔서 사용하시는 하나님, 미션스쿨을 세우고 운영하는 지도자들과 함께하여 주옵소서. 학교를 처음 세우던 날의 그 고민과 결단 그리고 마음이 현재의 운영자들에게도 동일한 헌신과 결단이 되기를 원합니다.

하나님! 현재 미션스쿨은 사립학교법 등으로 교육의 자율성이 침해받고 있으며, 이로 인해 미션스쿨의 고유한 정체성 또한 위협받고 있습니다. 건전한 사학이 건학이념에 맞게 자율성을 가지고 공적 교육의 역할을 감당하기를 원합니다. 그러나 이것이 저절로 이루어지는 것이 아님을 잘 압니다.

먼저는 운영자들이 기독교적인 학교를 운영하고 기독교적인 학교풍토를 실현하는 것이 중요합니다. 주님, 그들과 함께해 주옵소서. 특히 정직과 헌신의 마음을 주셔서 재정적으로 투명하게 운영되어 재정적·경영적 비리가 없도록 하옵소서. 또한 운영자들이 신실함으로 교사를 채용하게 하시고, 부정직한 방법을 사용하지 않게 하옵소서.

모든 학교의 공동체가 기독교적 영향력 아래에서 예배와 생활지도, 학급운영과 교과수업을 진행하기 위해 기독교적 리더십을 발휘하도록 운영자들에게 확신과 믿음과 신실함을 더하여 주시옵소서. 예수님의 이름으로 기도합니다. 아멘.

예수께서 이르시되 딸아 네 믿음이 너를 구원하였으니 평안히 가라 하시더라
_눅 8:48.

오늘의 기도

매일기도 ☐ 학부모구호 ☐

기독교교육학자들을 위한 기도

하나님, 이 세대는 너무나 악하고 어둡습니다. 그러나 그럼에도 이 세상 가운데 주님의 빛을 드러내길 원하는 자들이 있음에 감사를 드립니다. 특별히 소망이 보이지 않는 교육 현실 속에서 그리스도의 소망을 나타내길 원하는 기독교교육학자들의 헌신에 감사를 드립니다.

어그러진 교육의 세계를 바로잡기 위하여 노력하는 많은 기독교교육학자들을 통하여 이 땅의 교육이 회복되고 바로 세워지는 기틀이 마련되게 하옵소서. 기독교교육자들을 통해 교회와 가정과 학교가 건강하고 균형 있게 세워지게 하옵소서.

한 알의 밀알이 땅에 떨어져 많은 열매를 맺는 것처럼 그들의 삶을 통해 전해지는 가르침으로 많은 열매를 맺을 수 있도록 날마다 주님의 강한 팔로 그들을 붙들어 주옵소서. 소망이 없음에 낙담하는 것이 아니라, 그 가운데 소망의 꽃을 열정으로 피울 수 있도록 저들에게 날마다 샘솟는 열정을 허락하여 주옵소서. 그들을 통해 이 어그러진 교육의 세계 가운데 하나님의 뜻이 바로 세워지게 하옵소서. 예수님의 이름으로 기도합니다. 아멘.

너희가 다 믿음으로 말미암아 그리스도 예수 안에서 하나님의 아들이 되었으니 _갈 3:26.

오늘의 기도

매일기도 ☐ 학부모구호 ☐

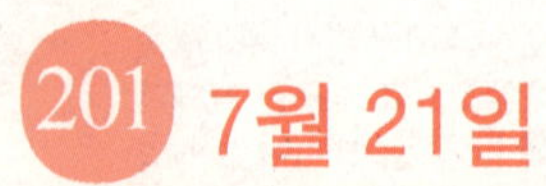

교육은 번영할 때는 더욱 빛을 더해 주는 장식품이요, 역경에서는 몸을 위탁할 수 있는 보호처가 된다_아리스토텔레스.

한 학기 동안 배운 내용을 잘 정리하길 바라는 기도

진리이신 하나님! 한 학기를 시작하면서 기쁨과 설렘보다 부담과 걱정을 가졌지만 잘 마무리하도록 도우시니 감사합니다. 성적과 등수로 아이를 재단하는 부족한 부모이지만, 교육의 길에 동행해 주시는 주님의 손길에 감사와 영광을 드립니다.

이번 학기를 마무리하면 방학을 맞이할 것이고 또 새로운 학기를 대하게 될 터인데 주님이 은혜를 주시기를 원합니다. 특히 우리 아이가 배운 내용을 잘 정리하고 마무리하도록 인도하여 주시옵소서. 비단 점수를 더 잘 받기 위해서가 아니라 진리의 주관자이신 하나님을 교과목 가운데서 더 깊이 만나고 깨우침 얻길 원합니다. 그동안 집중해서 보지 못했던 과목을 즐겁게 복습하게 하시고, 어려운 부분은 노력하면서 이해하고, 적절한 과제와 도전을 통해 깨우침의 기쁨을 맛보게 하옵소서.

부모인 저도 아이의 학업에 관심을 가지고 스스로 공부할 수 있도록 믿어 주고 격려하는 든든한 울타리가 되게 하옵소서. 예수님의 이름으로 기도합니다. 아멘.

이 교훈의 목적은 청결한 마음과 선한 양심과 거짓이 없는 믿음에서 나오는 사랑이거늘_딤전 1:5.

오늘의 기도

매일기도 ☐   학부모구호 ☐

성경학교(수련회)가 하나님을 만나는 장이 되길 바라는 기도

하나님 아버지, 올해에도 성경학교(수련회)를 예비하여 주심에 감사를 드립니다. 세상 친구들은 선행학습을 하기 위해 학원을 가고, 개인적인 여가 시간을 보내며, 여행을 가는데 성경학교에 참석하는 우리 자녀에게는 중요한 신앙의 사건이 일어나게 하소서.

성경학교(수련회)의 기간이 자녀의 삶에 있어서 가장 중요한 전환점이 되게 하여 주시옵소서. 무엇보다 지금까지 자녀의 삶을 이끄신 하나님의 은혜와 사랑을 강력하게 체험하게 하옵소서. 찬양하고 기도할 때, 선포되는 하나님의 말씀을 들을 때, 성경을 공부할 때, 친구들과 함께할 때 등, 성경학교(수련회)의 매 순간 성령 하나님께서 자녀를 붙들어 주시옵소서. 하나님이 어떤 분이신지, 자녀를 위한 어떤 놀라운 계획을 가지고 계신지 보고, 듣고, 느끼고 돌아올 수 있도록 인도하여 주시옵소서.

이 시간을 통하여 평생 흔들리지 않는 심지가 견고한 믿음을 가진 자녀로 성장하게 하옵소서. 예수님의 이름으로 기도합니다. 아멘.

내가 네 사업과 사랑과 믿음과 섬김과 인내를 아노니 네 나중 행위가 처음 것보다 많도다_계 2:19.

오늘의 기도

매일기도 ☐ 학부모구호 ☐

마음에는 주름살이 없다_세비니예 부인. 

성경학교(수련회)의 날씨와 안전을 위한 기도

하나님의 섭리와 은혜로 성경학교(수련회)를 계획하게 하심에 감사합니다. 온전히 하나님의 주권 위에 올려진 이 시간의 날씨와 안전을 위해 기도합니다.

시원한 날씨를 허락하여 주셔서 더위로 자녀들의 건강을 해치는 일이 없게 하시고, 가장 적합한 날씨를 허락하여 주시옵소서. 또한 자연 속에서 자녀들이 함께 예배하며 뛰놀 때에 피조물 안에 계시는 하나님을 발견할 수 있게 하옵소서.

성령님께서 세심하게 지켜 보호하여 주셔서 오고 가는 길, 그리고 모든 일정 가운데 교역자, 교사, 아이들 모두가 털끝 하나 상하지 않게 하옵소서. 모든 프로그램의 순간순간마다 성령 하나님의 세심한 손길이 함께 있어 자녀들을 지켜 보호하여 주실 줄을 믿습니다.

자녀들이 짧은 일정 동안 성경학교(수련회)를 통하여 모든 것 가운데 임재하시고 섭리하시는 하나님의 은혜를 맛보고 돌아올 수 있도록 하옵소서. 예수님의 이름으로 기도합니다. 아멘.

성도들의 인내가 여기 있나니 그들은 하나님의 계명과 예수에 대한 믿음을 지키는 자니_계 14:12.

오늘의 기도

매일기도 ☐ 학부모구호 ☐

밭이 있어도 갈지 않으면 창고는 비고
책이 있어도 가르치지 않으면 자손은 어리석다_백거역.

성경학교(수련회)를 준비하는 교역자와 교사를 위한 기도

하나님 아버지, 성경학교(수련회)를 전심으로 준비하는 교역자와 선생님들을 위해 기도합니다. 영적 성숙이 일어날 수 있는 가장 중요한 이 시기를 위하여 기도와 섬김으로 오랜 시간 준비하는 교역자와 선생님들이 있습니다. 준비과정 가운데 먼저 그들이 하나님을 만나 온전한 은혜의 통로로 자녀들 앞에 설 수 있도록 인도하옵소서.

성경학교(수련회)를 통하여 교사 공동체가 하나님 앞에 더욱더 굳건히 연합하여 서기를 원합니다. 기도하며 준비할 때 마찰이 없게 하시고, 행함과 진실함으로 사랑하는 교사 공동체가 되게 하옵소서.

또한 특별히 말씀을 선포할 교역자 가운데 성령 하나님의 지혜와 통찰로 함께하여 주셔서, 말씀을 통하여 자녀들이 변화받는 시간이 되게 하옵소서. 성경학교(수련회)가 자녀를 넘어 공동체의 신앙을 한층 성숙시키는 시간이 되기를 소망하며 예수님의 이름으로 기도합니다. 아멘.

우리 주의 은혜기 그리스도 예수 인에 있는 믿음과 사랑과 함께 님치도록 풍성하였도다_딤전 1:14.

오늘의 기도

매일기도 ☐ 학부모구호 ☐

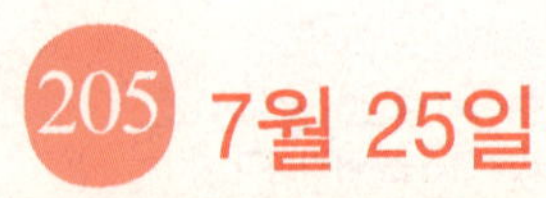

부모가 성경학교(수련회)의 동역자가 되기를 바라는 기도

하나님 아버지, 경쟁주의와 승리주의에 물들어 있는 세상의 교육풍조 가운데 교회학교를 통하여 그리스도의 지식을 배울 수 있는 기회를 주심에 감사를 드립니다. 특별히 이번 성경학교(수련회)가 자녀에게 또 다른 신앙교육의 장이 되기를 소망합니다.

자녀의 신앙과 삶에 있어 가장 중요한 순간이 될 수 있는 성경학교(수련회)를 앞두고 기독학부모된 우리가 흔들리지 않는 신앙으로 자녀를 보낼 수 있기를 바랍니다. 자녀를 학원에 보낸다고, 휴가에 간다고, 삶의 여러 가지 기회들을 놓칠 수 없다고 생각해서 성경학교(수련회)를 경시 여길 때도 있었음을 고백합니다.

이제는 자녀교육의 중요한 주체인 부모로서 성경학교(수련회)의 장애물이 되는 것이 아니라, 귀한 동역자가 될 수 있도록 우리의 마음과 생각을 붙들어 주시옵소서. 자신의 귀한 시간을 내어 성경학교를 섬기는 교사와 교역자를 위해 기도로 동역하고, 물심양면으로 힘을 싣는 기독학부모가 되게 하옵소서. 예수님의 이름으로 기도합니다. 아멘.

집사의 직분을 잘한 자들은 아름다운 지위와 그리스도 예수 안에 있는 믿음에 큰 담력을 얻느니라_딤전 2:13.

오늘의 기도

매일기도 ☐ 학부모구호 ☐

세 사람이 함께 가면 그중에 반드시 내 스승이 있다_논어.

성경학교(수련회)의 모든 순서를 위한 기도

하나님, 우리의 자녀에게 성경학교(수련회)를 허락하심에 감사를 드립니다. 세상에는 재미있는 프로그램과 자극적인 유혹이 많이 있습니다. 하지만 지혜의 주님, 성경학교(수련회)를 준비하는 교역자와 교사에게 하늘의 지혜를 허락하셔서 세상에서 맛볼 수 없는 사랑과 영적인 즐거움을 느끼게 하옵소서.

성경학교(수련회) 등록, 레크리에이션, 성경공부, 코너학습, 말씀집회 등 준비한 모든 프로그램 가운데 성령님의 임재가 있기를 원합니다. 각 순서가 무의미하게 계획되고 진행되는 것이 아님을 압니다. 하나님의 철저한 계획 아래 준비된 것이니 순서마다 하나님께서 주인되어 책임져 주시옵소서.

성경학교(수련회)의 모든 프로그램 가운데 은혜를 내려 주시는 것뿐 아니라 필요한 재정과 인원까지도 하나님께서 채워 주시고 보내 주셔서 하나님이 함께함을 자녀들이 목도하게 하옵소서. 예수님의 이름으로 기도합니다. 아멘.

우리는 낮에 속하였으니 정신을 차리고 믿음과 사랑의 호심경을 붙이고 구원의 소망의 투구를 쓰자_살전 5:8.

오늘의 기도

매일기도 ☐ 학부모구호 ☐

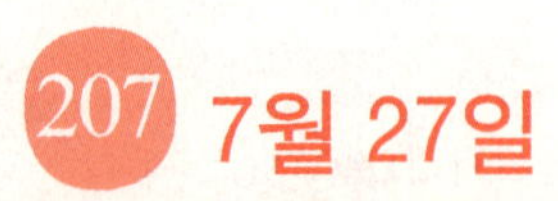

방학 중 보충수업을 하는 자녀와 교사를 위한 기도

방학 중 보충수업으로 더운 여름을 보내는 자녀와 교사를 도우시는 하나님께 감사를 드립니다.

주님, 여전히 한국 교육은 입시를 앞둔 자녀들이 학교와 학원을 떠나면 불안해하는 현실입니다. 자녀들에게 학업과 쉼의 사이클이 아닌, 학업의 연장을 권장하고 있습니다. 이러한 교육 현실을 따라가야 하는 많은 자녀와 교사를 불쌍히 여기사 힘과 지혜를 더하여 주시옵소서.

특별히 더운 여름에 보충수업을 하는 학생과 교사의 건강을 지켜 주시기를 원합니다. 더위로 가르치는 교사나 배우는 학생들이 탈진하지 않을 수 있게 도와주시옵소서. 보충수업으로 자녀와 교사 모두 불평하지 않게 하여 주시고, 부족한 학업을 채우는 유익하고 감사한 시간이 되게 하옵소서.

또한 보충수업을 통해 혼자가 아닌, 함께 학업을 보충하며, 규칙적인 삶을 유지할 수 있음에 감사하는 시간이 되게 하여 주시옵소서. 무엇에든지 하나님이 허락하신 기회임을 알고 최선을 다하여 좋은 열매를 기대하게 하심에 감사하며 예수님의 이름으로 기도합니다. 아멘.

이 모든 일에 전심 전력하여 너의 성숙함을 모든 사람에게 나타나게 하라
_딤전 4:15.

오늘의 기도

매일기도 □   학부모구호 □

신비 차원의 신앙형성을 위한 기도

사람의 지식과 능력으로 다 알 수 없는 신비를 하나님과 세상에 가득하게 하신 하나님을 찬양합니다. 인간이 더 이상 알 수 없는 것 앞에서, 하나님께서는 우리와 완전히 다르신 분인 것과 우리는 피조물인 것을 겸손히 인정하는 신앙의 깊이를 이루게 하옵소서.

우리 부모와 자녀들 모두 하나님은 우리와 다르신 분임을 깊이 깨닫고, 하나님을 경외하는 참 신앙이 형성되게 하시며, 다 알려고 하거나, 다 알 수 있다고 하는 교만을 물리치게 하옵소서. 오히려 언젠가 하나님께서 모든 것을 알려 주실 그때를 소망하면서 우리를 초월하시는 하나님의 자리를 언제나 삶의 가장 소중한 부분에 구별하여 내어 드리기를 원합니다.

부모와 교사는 하나님의 신비를 전달하는 '하나님의 비밀을 맡은 자'가 되게 하시되, 자신의 한계를 인정하면서 하나님의 신비가 머무는 자리요, 통로로 섬기게 하옵소서. 예수님의 이름으로 기도합니다. 아멘.

우리가 다 하나님의 아들을 믿는 것과 아는 일에 하나가 되어 온전한 사람을 이루어
그리스도의 장성한 분량이 충만한 데까지 이르리니_엡 4:13.

오늘의 기도

매일기도 ☐ 학부모구호 ☐

나는 큰 소리로 칭찬하고 부드럽게 나무란다_카테리네 2세.

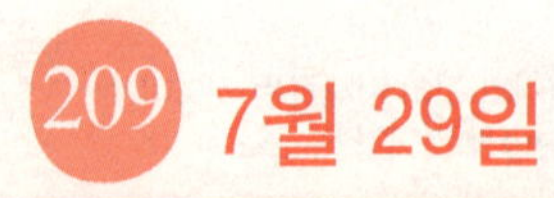

교권 회복을 위한 기도

학교를 세우시고 그 가운데 참된 교육을 누리게 하시는 하나님! 오늘은 교육일선에서 열심히 땀을 흘리고 계시는 선생님들을 위해서 기도합니다. 너무나 안타깝게도 교육현장에서 교권이 날로 실추되고 있다는 소식이 들립니다. 일부 학생들과 일부 학부모의 경향이기는 하지만 교사들에 대한 막말은 물론이고 물리적인 폭행마저 일어나고 있습니다.

이런 모습을 보면서 어떤 이들은 교사들의 무사안일주의나, 시류에 물들어 버리는 냉소주의의 결과라고 말하기도 하고, 교사들 스스로가 노력하여서 학생과 학부모에게 신뢰를 얻을 수 있도록 노력해야 한다는 소리도 있습니다. 이 땅의 교권이 회복될 수 있도록 우리 사회를 지켜 보호하여 주옵소서.

교사들 스스로가 학교 안에서 아름다운 권위로 설 수 있도록 정직과 사랑과 전문성을 더하여 주시고, 학생들은 교사들의 지도에 따라 학업의 길을 기쁘게 걸어가게 하옵소서. 또한 학부모들은 교사를 신뢰하며 함께 학교교육의 온전한 회복의 동역자로 살아가게 하옵소서. 예수님의 이름으로 기도합니다. 아멘.

그러므로 우리가 그리스도의 도의 초보를 버리고 죽은 행실을 회개함과 하나님께 대한 신앙과 세례들과 안수와 죽은 자의 부활과 영원한 심판에 관한 교훈의 터를 다시 닦지 말고 완전한 데로 나아갈지니라_히 6:1-2.

오늘의 기도

매일기도 ☐ 학부모구호 ☐

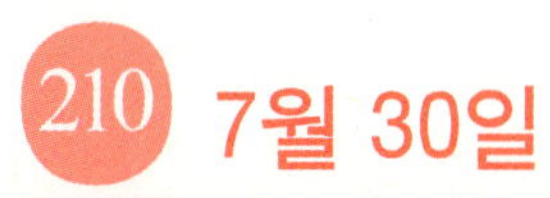

배워 생각지 않으면 어둡고, 생각하면서 배우지 않으면 위태롭다_논어.

교육 관련 정부 기구와 지자체별 교육담당 부서를 위한 기도

사람을 통해 일하시는 하나님, 우리 정부와 지방자치단체에 교육을 책임지고 이끌어 갈 부서와 기관이 있게 하신 것을 감사드립니다. 이곳을 통해 교육을 향한 하나님의 뜻이 펼쳐지고, 교육이 이루어지는 모든 곳에서 하나님의 교육이 성취되기를 원합니다.

교육과 관련한 부서와 기관이 정책을 결정하고 일을 추진하는 모든 과정에서 바르고 건강한 교육이 중심이 되고 바탕이 되게 하옵소서. 교육을 책임질 수 있는 이론이 개발되고, 현장 전문가가 일할 자리를 얻게 하옵소서. 정권마다 바뀌는 부서가 아니라 백 년 이상을 내다보면서 교육정책을 개발하고 또한 교육사업을 추진할 수 있기를 원합니다.

부서와 기관, 현장과 국민 사이에 교육을 위한 건강하고 활발한 의사소통의 길이 만들어져서 교육발전의 바탕이 형성되게 하소서. 또한 교육에 대한 다양한 생각과 사상이 충돌하지 않고 풍성한 토양이 되며, 긍정적인 발전을 향해 나아가는 교육중심 문화가 정착되게 하옵소서. 예수님의 이름으로 기도합니다. 아멘.

인내를 온전히 이루라 이는 너희로 온전하고 구비하여 조금도 부족함이 없게 하려 함이라_약 1:4.

오늘의 기도

매일기도 □   학부모구호 □

7월 31일

교육은 기계를 만드는 것이 아니라
사람을 만드는 데 있다_장 자크 루소.

그릇된 부모의 생각으로 조장되는 사교육 과열에 대한 기도

교육의 영역에 하나님의 나라가 임하기를 원하시는 하나님! 모든 부모의 마음 속에도 하나님의 나라가 임하기를 소망합니다. 오늘날 남들보다 앞서기를 바라는 부모의 욕심 때문에 수많은 자녀가 교육 고통의 자리로 내몰리고 있습니다. 부모의 그릇된 열심으로 사교육의 열풍이 더욱 거세지고, 자녀들이 깊은 절망의 구덩이에 빠져 방황하며 탄식하고 있습니다. 자녀의 은사와 적성보다 자신의 욕심과 체면을 더 생각하는 부모들을 불쌍히 여겨 주시옵소서.

이제는 돌이켜 부모가 자녀 교육에 있어서도 주님의 주권을 인정하고, 주님을 신뢰하게 도와주시옵소서. 또한 자녀가 경쟁하여 다른 아이보다 앞서는 것을 좋아하기보다는, 자녀가 그리스도 안에서 신실하게 살아가는 것을 지향하고 관심 갖게 하옵소서.

또한 하나님께서 세우신 기독학부모들과 기독학부모운동을 통해 이 땅의 사교육을 향하는 악한 교육열이 하나님 나라로 향하는 선한 교육열로 변화하게 하옵소서. 예수님의 이름으로 기도합니다. 아멘.

그러나 우리가 온전한 자들 중에서는 지혜를 말하노니 이는 이 세상의 지혜가 아니요 또 이 세상에서 없어질 통치자들의 지혜도 아니요_고전 2:6.

오늘의 기도

매일기도 ☐ 학부모구호 ☐

8월의 기도

기독학부모 기도운동 시리즈
세 번째 주제는 '**열정**'입니다.
그리고 8월의 묵상 주제는
'**성숙, 훈련**'입니다.
기도를 돕는 격언과 말씀은
'**성숙한 신앙**'과 관련됩니다.

8월 첫날의 기도

살아계신 아버지 하나님!

눈부신 하늘과 뜨거운 태양, 집어 삼킬 듯한 폭풍과 한줄기의 소낙비,

시원스레 울어대는 매미와 뿌리를 깊게 내리는 들풀로 가득 찬 8월에도

하나님의 은혜가 가정과 교회, 학교, 이 사회에 가득하기를 소원합니다.

변화무쌍하지만 일관성 있게 이 세상을 지키고 견고하게 붙드시는

하나님의 섭리를 깨달으며 교육에서도 주님의 주권 아래

바른 방향과 목적을 지향하게 하옵소서.

8월에는 주님이 주신 진리의 끈을 붙잡게 하옵소서.

가정에서는 부모와 자녀가 더욱 친밀해지고,

믿음과 삶에 대해 함께 나누는 주님의 이야기가 많아지게 하옵소서.

방학을 맞이하여 온 가족이 머무는 시간이 많아지니 감사를 드립니다.

더욱 소통하고 감사하며 사랑하는 믿음의 가정을 형성케 하옵소서.

개학을 준비하는 우리의 자녀에게 건강과 지혜와 명철을 주셔서

독수리 날개 치며 올라감같이 강건함으로 학업에 집중하게 하옵소서.

교회 공동체를 더욱 귀히 여겨 주셔서 하나님의 열정으로

서로 사랑하고 격려하기를 쉬지 않게 하옵소서.

이 나라 이 민족이 복음을 전하고 평화를 수호하도록 지켜 주옵소서.

예수님의 이름으로 기도합니다. 아멘.

살아 있는 물고기는 물결을 타고 올라가고
상한 물고기는 물결을 따라 내려간다_존 내쉬.

과열된 사교육의 악순환이 끊어지길 바라는 기도

이 땅의 교육 현실을 보면서 애통해하시는 하나님! 교육에 대한 세상의 논리와 가치관으로 점점 병들어 가는 자녀와 부모들을 불쌍히 여겨 주시옵소서. 특히 성적과 등수로 자녀의 진로와 평가가 대부분 결정되는 안타까운 현실에 살다 보니, 선행학습으로 인한 과열된 사교육의 악순환이 계속 반복하고 있습니다.

기독학부모로서 교육에 대한 세상의 논리와 가치관을 버리고, 과열된 사교육의 악순환을 끊을 수 있도록 도와주시옵소서. 우리를 향한 하나님의 선하시고 기뻐하시고 온전하신 뜻이 무엇인지를 발견하고, 그 하나님의 가치관을 따라 날마다 믿음으로 순종하며 승리하게 하옵소서.

교육에 대한 우리의 무게중심이 세상에서 하나님으로 옮겨가게 하시고, 실타래처럼 뒤죽박죽 엉켜 있는 교육의 씨줄과 날줄을 하나님의 방법으로 잘 풀어 가도록 지혜와 능력을 허락해 주옵소서. 예수님의 이름으로 기도합니다. 아멘.

오직 하나님이 성령으로 이것을 우리에게 보이셨으니 성령은 모든 것 곧 하나님의 깊은 것까지도 통달하시느니_고전 2:10.

오늘의 기도

매일기도 ☐ 학부모구호 ☐

휴가 기간 동안 가정의 관계 성숙을 위한 기도

쉼과 자유를 허락하신 하나님께 감사를 드립니다. 가정이 하나님께서 만들어 주신 신앙공동체임에도 불구하고 바쁜 일상으로 서로에게 무관심의 벽을 쌓았던 우리를 긍휼히 여겨 주시옵소서.

부모와 자녀가 함께 대화하는 시간이 사라진 현실 가운데, 특별히 이번 휴가가 가정 안에 소통과 관계가 회복되는 교육의 장이 되기를 원합니다. 서로 잘 알지 못해 오해했던 지난날의 기억을 떠올리며 부모님과 자녀들 사이에 성숙한 시간을 갖게 하옵소서.

함께 살을 맞대고, 시간을 공유하며, 대화하는 휴가의 모든 시간 가운데 형성된 친밀감을 바탕으로 자녀들이 하나님과의 친밀감도 잘 형성해 나가게 하옵소서.

눈을 맞추고 사랑을 표현하며 따뜻한 스킨십과 인정하는 말로 가득한 여름 휴가를 통하여 자녀의 마음밭이 고루 가꾸어져 학교에서도, 교회에서도 부요하고 행복한 관계를 맺는 자로 자라게 하옵소서. 예수님의 이름으로 기도합니다. 아멘.

누구든지 스스로 경건하다 생각하며 자기 혀를 재갈 물리지 아니하고 자기 마음을 속이면 이 사람의 경건은 헛것이라_약 1:26.

오늘의 기도

매일기도 ☐ 학부모구호 ☐

사람은 적에게서도 슬기를 배울 수 있다_아리스토파네스.

방학 중 자녀의 자기 관리(시간, 운동, 건강, 생활)를 위한 기도

학기 중에 지친 몸을 쉬며 재충전할 수 있는 방학을 주신 하나님께 감사를 드립니다. 자녀가 학교에 다닐 때와는 달리 방학 중에는 규칙적인 생활을 하기가 너무나도 어렵습니다. 계획을 세워 지키려 하지만, 마음먹은 것처럼 실천하기가 어려운 연약한 존재임을 깨닫습니다.

하나님! 잠깐 쉬는 시간 동안에 빠지게 되는 스마트폰 게임과 무분별한 인터넷 서핑으로 자녀의 거룩한 내면을 해하지 않을 수 있도록 도와주시옵소서. 불규칙적인 생활 습관 사이로 틈타는 유혹의 손길을 뿌리칠 수 있는 영적 분별력을 주시옵소서.

하나님께서 주신 기회를 잘 활용하여 청지기의 역할을 다 할 수 있도록 능력 주시기를 원합니다. 누가 보지 않아도 하나님이 아시기에 시간을 정직하게 사용 할 수 있도록 자녀를 도와주시옵소서. 또한 부모 된 우리에게 자녀에 대하여 불안해하기보다, 하나님을 신뢰함으로 자녀들을 믿어 줄 수 있는 능력을 주시옵소서. 그리하여 방학 동안 기독학생과 기독학부모가 정직한 청지기가 되는 성취감을 맛볼 수 있게 하여 주시옵소서. 예수님의 이름으로 기도합니다. 아멘.

하나님 아버지 앞에서 정결하고 더러움이 없는 경건은 곧 고아와 과부를 그 환난중에 돌보고 또 자기를 지켜 세속에 물들지 아니하는 그것이니라_약 1:27.

오늘의 기도

매일기도 ☐   학부모구호 ☐

가장 난폭한 망아지를 길들이면
명마가 된다_테미스토클레스.

휴가를 통해 가정의 내적성숙을 바라는 기도

무엇을 향해 달려가는지도 모를 정도로 온 가족이 바쁘게 살아가고 있는 이때에 저희에게 휴가라는 쉼표를 허락하신 하나님께 감사를 드립니다. 가족이 함께하는 이 시간에 사랑을 나누며 더 깊이 신뢰를 쌓는 시간이 되도록 인도하여 주시옵소서.

휴가를 통해 부모에게는 자녀의 이야기를 들어주고 대화를 나누며 자녀의 성장과 변화를 눈여겨보는 시간이 되게 하여 주옵소서. 자녀에게는 부모와 함께 좋은 추억을 만듦으로써 일상의 삶 가운데서 임마누엘 가정의 기쁨을 맛보게 하옵소서. 또한 바쁜 일상 가운데서 하고 싶었지만 하지 못했던 경험을 하게 하옵소서.

휴가의 계획부터 돌아올때까지 기도와 설렘으로 준비하게 하시고 성령님의 교제하심 가운데 합력하는 기쁨이 가득하게 하옵소서.

특별히 휴가를 보내지 못하는 이 땅의 가정을 주님께서 긍휼히 여겨 주시고 삶의 터전 가운데서 평안을 주시며 쉼을 주시는 주님이 늘 함께하여 주시옵소서. 기도와 설렘으로 준비하는 휴가 가운데서도 성령님의 교제하심을 만나는 가정이 되게 하옵소서. 예수님의 이름으로 기도합니다. 아멘.

그러므로 누구든지 우리 온전히 이룬 자들은 이렇게 생각할지니 만일 어떤 일에 너희가 달리 생각하면 하나님이 이것도 너희에게 나타내시리라_빌 3:15.

오늘의 기도

매일기도 ☐ 학부모구호 ☐

방학 중 자녀의 자기 관리(학습)를 위한 기도

방학을 통하여 부족한 부분을 보충할 수 있는 여건을 주신 하나님께 감사를 드립니다. 학기 중에는 매일의 삶 속에서 부족한 부분을 뒤돌아볼 여유도 없이 지내왔습니다. 자녀의 학습적인 부분을 바라볼 때 때로는 불안하게, 때로는 포기하는 마음으로 시간을 보내 왔고, 학습 동기를 잊어버릴 정도로 바쁜 일상을 살아왔습니다. 분주한 자녀의 삶을 궁휼히 여겨 주시옵소서.

하나님, 방학 중에 자녀 학습 동기를 재정비하여 부족한 부분을 보충하되 인간적인 욕심으로 자녀를 내몰지 않도록 지혜와 담대함을 주시옵소서. 방학 중에 많은 다른 학생들처럼 무분별한 선행 학습을 따르기보다, 자녀의 비전과 역량에 맞는 분량을 정하여 감사하는 마음으로 학습할 수 있도록 하옵소서. 또한 하나님의 거룩한 뜻을 따라갈 수 있는 차분한 마음도 주시옵소서.

그리하여 학습으로 인한 부모·자녀 간의 갈등이 사라지고, 한마음, 한 뜻으로 걸어갈 수 있는 은혜를 허락하여 주시옵소서. 이러한 결정이 결코 세상 속에서 뒤처지는 것이 아닌, 용감한 선택임을 알게 하여 주시옵소서. 예수님의 이름으로 기도합니다. 아멘.

육체의 연단은 약간의 유익이 있으나 경건은 범사에 유익하니 금생과 내생에 약속이 있느니라_딤전 4:8.

오늘의 기도

매일기도 ☐ 학부모구호 ☐

미술에서 하나님의 진리와 뜻을 발견하기 위한 기도

완전한 진선미가 되시는 하나님을 찬양합니다. 사람에게 상상과 창조의 능력을 주시고, 예술 활동을 통해 하나님의 아름다움에 참여하게 해 주심에 감사합니다. 이 하나님의 아름다움에 참여하는 거룩한 통로로 우리나라의 미술교육을 사용하여 주시기를 원합니다.

학교와 가정, 학원 등에서 이루어지는 모든 형태의 미술교육이 인간을 높이고 인간의 욕심을 이루는 도구가 되지 않게 해 주시고, 입시와 진학을 가장 크게 보는 그릇된 인식 또한 치유하여 주옵소서. 미술에 대한 세속적이고 인본주의적인 가치관을 고쳐 주옵소서. 입시를 강조하며 미술 교과 시간을 줄이거나 없애려는 시도를 막아 주시고, 진리와 지식이 무엇보다 건강한 정서의 토양이 되는 미술교육을 통해 학생들의 바른 학업 성취가 이루어지게 하옵소서. 모든 미술교육으로 아름다움을 보고 만들어 낼 수 있는 지혜와 감각을 길러 주셔서 자신과 세상을 더 아름답게 할 뿐만 아니라 무엇보다 하나님의 아름다움에 더 가까이 다가가는 통로가 되게 하옵소서. 발달단계에 맞는 적절한 미술교육이 이루어져서 우리의 자녀들이 미술에 대한 관심과 흥미를 잃지 않게 하시고, 지능의 유형이 미술과 잘 맞는 자녀들은 자신에게 주어진 특별한 선물을 잘 계발하여 그것으로 하나님 나라에 기여하게 하옵소서. 예수님의 이름으로 기도합니다. 아멘.

내 손을 가르쳐 싸우게 하시니 내 팔이 놋 활을 당기도다_ 삼하 22:35.

오늘의 기도

매일기도 □ 학부모구호 □

배운 뒤에 부족함을 안다_예기.

방학 중 자기계발의 기회를 잘 선용하길 바라는 기도

우리에게 쉼의 시간을 주셔서 자기계발을 할 수 있는 기회를 주시는 하나님께 감사를 드립니다. 방학과 같은 자유로운 시간이 주어질 때, 자녀가 자기계발을 위해 좋은 취미를 계획하지 않으면, 미디어로 인해 생각하는 것을 멈추게 됨을 고백합니다. 자녀가 쉽고 편하게 흘러들어오는 미디어의 다양한 콘텐츠들보다 자신만의 다양한 생각을 펼칠 수 있는 활동을 할 수 있도록 도와주시옵소서.

특별히, 방학이 자녀에게 맞는 취미 생활로 학업의 스트레스를 풀 수 있는 계기가 되며, 학업으로 미루어 놓았던 재능을 발견하는 기회가 되기를 소망합니다. 좋은 책을 읽고, 다양한 장소를 방문하며, 새로운 것을 보고, 듣고, 읽고, 만지는 기회를 갖게 하여 주셔서 학교 너머의 사회에서 배울 수 있는 좋은 시간이 되게 하여 주시옵소서.

주님, 자녀가 방학 시간을 통하여 하고 싶었던 많은 일을 하되, 눈앞의 즐거움만을 좇는 시간이 되지 않도록 도와주시옵소서. 이 시간을 통해, 자신의 재능을 개발하고 훈련하여 하나님의 영광을 위하여 사용할 수 있게 도와주시옵소서. 예수님의 이름으로 기도합니다. 아멘.

너는 사람이 그 아들을 징계함 같이 네 하나님 여호와께서 너를 징계하시는 줄 마음에 생각하고_신 8:5.

오늘의 기도

매일기도 ▢   학부모구호 ▢

마음은 팔 수도, 살 수도 없는 것이지만
줄 수 있는 보물이다_G. 플로베르.

교사와 학생 간의 관계성 회복을 위한 기도

학교 공동체를 통하여 교육의 회복을 꿈꾸시는 하나님! 학교 안에서 교사와 학생의 관계성을 두고 기도합니다. 교사와 학생과의 아름다운 관계가 주님 안에서 바로 세워지길 원하오니 비뚤어지고 어긋나 있는 교사와 학생 간의 관계를 회복시켜 주시옵소서.

교사가 영성과 전문성뿐 아니라 소명의식을 지니고 교육현장에서 섬길 수 있도록 도와주시옵소서. 특히 학생을 무관심으로 대하거나, 성적이나 능력으로 평가하지 않게 하시고 학생 개개인을 존중하며 관심과 애정으로 가르치게 하옵소서. 또한 학생은 교사를 존경하는 마음으로 교과목에 대한 지도를 받게 하시며 삶의 여정 가운데 만나는 귀한 멘토요, 선배로 교사의 삶을 본받게 하옵소서.

학교를 구성하는 귀한 교사와 학생의 관계가 주님이 엮어 주시는 믿음과 신뢰의 관계가 되어 학교현장을 끈끈한 사랑의 공동체로 만들기를 소망합니다. 예수님의 이름으로 기도합니다. 아멘.

그들로 젊은 여자들을 교훈하되 그 남편과 자녀를 사랑하며_딛 2:4.

오늘의 기도

매일기도 ☐ 학부모구호 ☐

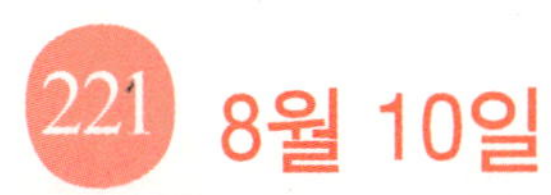

자녀의 방학 중 봉사활동을 위한 기도

이웃 돕기를 기뻐하시는 하나님께 감사를 드립니다. 하나님께서는 연약한 자를 돕고 위로하기를 기뻐하시는 줄 믿습니다. 하지만 지금의 한국 교육에서는 이웃을 돕는 봉사활동을 대학 입시의 한 분야로 넣어 자녀들이 봉사활동을 참여하도록 독려하고 있습니다. 또 일부의 자녀와 학부모들은 진정한 의미의 봉사가 아닌, 시간 채우기와 점수 따기에 더 주력하고 있습니다. 때로는 부족한 시간을 속임수로 채우는 안타까운 현실을 바라봅니다. 주님, 이러한 현실을 긍휼히 여기시고, 우리를 용서하여 주시옵소서.

방학 중 봉사활동 시간이 자녀에게 있어 이웃을 내 몸과 같이 사랑하라고 하신 예수님의 마음을 본받아 연약한 이웃의 필요를 돌아볼 수 있는 시간이 되게 하여 주시옵소서. 그 시간을 통하여 감사를 배우고, 물건과 시간을 아끼는 성숙이 일어나게 하옵소서.

그리하여 자녀가 봉사활동을 통하여 사랑의 마음을 나누어 주는 것은 없어지는 것이 아니라 채워지는 놀라운 하나님의 원리임을 깨닫게 하여 주시옵소서. 이기적이지 않는 자녀로 자라나 하나님의 영광을 나타낼 수 있게 하여 주시옵소서. 예수님의 이름으로 기도합니다. 아멘.

망령되고 허탄한 신화를 버리고 경건에 이르도록 네 자신을 연단하라_딤전 4:7.

오늘의 기도

매일기도 □ 학부모구호 □

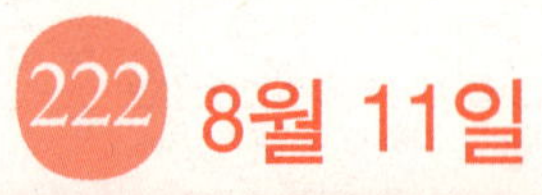

올바른 사회는 오직 어린이들에게 참다운 교육을 실시함으로써 이루어질 수 있다_요한 하인리히 페스탈로치.

사교육 관련 교육정책이 바르게 수립되기를 바라는 기도

하나님 아버지, 이 땅의 교육의 그릇된 열정을 돌이켜 하나님의 교육으로 회복되는 기로에 우리를 불러 주시니 감사합니다. 다음 세대의 교육에 대한 바른 가치관을 부모 세대와 이 나라 위정자들에게 허락하여 주시옵소서.

특별히 사교육을 조장하고 과열시키는 교육의 전반적인 분위기가 개선되기를 원합니다. 사교육에 대해 부모에게 막연한 불안감과 기대를 불어넣는 이 시대의 풍조가 변화되게 하옵소서. 이를 위해 지나친 선행학습을 금지하고 심야학습을 금지시키는 등의 법들이 마련될 때 표면적으로 붉어지는 문제만 해결되는 것이 아니라 왜곡된 사교육 시장의 근본적인 문제가 해결될 수 있는 교육정책이 발안되게 하옵소서.

그리하여 필요한 경우, 자녀들의 꿈과 비전, 발달단계에 맞는 건전한 교육의 길에서 사교육을 생각하게 하옵소서. 예수님의 이름으로 기도합니다. 아멘.

오직 너희는 그리스도의 복음에 합당하게 생활하라 이는 내가 너희에게 가 보나 떠나 있으나 너희가 한마음으로 서서 한 뜻으로 복음의 신앙을 위하여 협력하는 것과_빌 1:27.

오늘의 기도

매일기도 ☐   학부모구호 ☐

사회교과에서 하나님의 진리와 뜻을 발견하기 위한 기도

삼위일체 하나님의 거룩하고 온전하신 하나 됨을 찬양합니다. 그리고 하나님의 연합이 피조세계에, 특히 인간 사회에도 가득하여 온전한 하나 됨을 이루어 가기를 간구합니다. 특별히 인간 사회에 대한 지식과 지혜가 우리나라의 사회교과를 통해 길러지고 성숙하게 하옵소서.

사회교과를 통해 우리 자녀가 인간 사회에서 일어나는 수많은 현상을 바르게 알고 성찰하기를 원합니다. 우리나라와 다른 여러 나라의 사회적 특성과 보편성을 알고 사회 현상을 통전적으로 이해하는 지식과 지혜를 익히게 하여 주시옵소서. 그래서 사회의 여러 문제를 바르게 풀어 내고, 미래로 나아가는 바른 길을 찾게 하옵소서. 사회교과를 통해 사회를 망가뜨리는 악한 생각과 가치관, 악의 흐름은 분별하여 막아 내고, 소중한 사회적 가치를 지켜 내게 하여 주옵소서.

이를 위해 사회교과의 교육과정이 각 수준별 교육과정의 틀 안에서 건강하고 활발하게 일어나게 하시고, 교사는 사회교과에 대한 전문성을 익히고 바른 교육을 하게 하셔서 학생을 잘 이끌게 하옵소서. 무엇보다 교사와 학생 모두가 하나님이 기뻐하시는 사회를 꿈꾸고 바라보며 그것을 이루는 사명자가 되게 하옵소서. 예수님의 이름으로 기도합니다. 아멘.

그의 후손이 장구하고 그의 왕위는 해 같이 내 앞에 항상 있으며_시 89:36.

오늘의 기도

매일기도 ☐ 학부모구호 ☐

애국교육을 위한 기도

하나님, 오늘날은 '나' 자신만의 성공을 위해서 몰입하는 세대입니다. 이제 '나'를 넘어서 우리, 그리고 나라와 민족을 품을 수 있는 이 세대가 되게 하옵소서.

이 땅의 선조들은 자신만의 성공을 위해 달려가기보다 나라와 민족의 유익을 위하여 공부하고 달려갔음을 고백합니다. 우리의 자녀가 민족의 선구자처럼 '나'의 욕망에 집중하기보다 '너'와 '우리'의 필요에 관심을 갖게 하옵소서. 부모 또한 무엇이 진정한 성공인지 모르고 자녀를 채찍질하기보다는 공동체와 나라, 민족 가운데 자녀가 귀하게 쓰임받기를 기대하며 자녀를 양육하게 하옵소서.

또한 국사를 배우고 민족의 자긍심을 고취시키는 공부를 불필요하게 여기는 우리의 굳은 마음을 기경하여 주시어서, 우리나라 역사 가운데 역사하시는 하나님의 놀라운 섭리를 발견하게 하옵소서. 그리하여 이 땅 가운데 애국하는 청년을 키워 내기 위해 세웠던 대성학교, 오산학교처럼 이 시대가 나아갈 방향을 밝히 보여 주는 학교들을 굳건히 세워 주옵소서. 예수님의 이름으로 기도합니다. 아멘.

여호와께서 이르시되 내가 그들과 세운 나의 언약이 이러하니 곧 네 위에 있는 나의 영과 네 입에 둔 나의 말이 이제부터 영원하도록 네 입에서와 네 후손의 입에서와 네 후손의 후손의 입에서 떠나지 아니하리라 하시니라 여호와의 말씀이니라
_사 59:21.

오늘의 기도

매일기도 ☐ 학부모구호 ☐

최고의 도덕이란 끊임없이 남을 위한 봉사,
인류를 위한 사랑으로 일하는 것이다_마하트마 간디.

나라사랑의 교육이 펼쳐지길 바라는 기도

우리나라를 세우시고 이끄시는 하나님, 역사의 굽이마다 우리나라를 도와주시며 후손들이 길러지도록 인도하시니 참 감사합니다.

최근 여러 통계에 우리의 다음세대가 나라사랑하는 마음이 부족하여 역사에 대해, 국가안보에 대해 무지하고 무관심하다는 보고가 있습니다. 이러한 요인 중에 애국교육의 부재가 있음을 고백하며 이 땅에 나라사랑의 교육이 아름답게 펼쳐지기를 간구합니다. 우리의 자녀가 애국할 수 있도록 먼저는 국가와 어른이 나라사랑의 모범을 보이고 합력하며 선한 연합을 해 나가게 하옵소서.

학교에서 하고 있는 일련의 애국교육 활동에 생기를 불어넣어 주셔서 우리나라를 사랑하는 마음이 생기도록 하옵소서. 특히, 국사교육을 통해 미래를 꿈꾸는 통찰력을 주시고 나라사랑의 마음을 지니게 하옵소서. 수많은 애국지사가 지켜온 우리나라를 우리의 자녀가 지켜 내게 하시고 발전하는 동력이 되게 하옵소서.

하나님, 기도하는 한 사람이 한 민족보다 강하며 기도하는 한 민족이 열방(All Nations)보다 강함을 믿습니다. 나라를 사랑하는 애국교육이 더욱 활발하도록 함께하옵소서. 예수님의 이름으로 기도합니다. 아멘.

> 내가 너로 여자와 원수가 되게 하고 네 후손도 여자의 후손과 원수가 되게 하리니 여자의 후손은 네 머리를 상하게 할 것이요 너는 그의 발꿈치를 상하게 할 것이니라 하시고_창 3:15.

오늘의 기도

매일기도 ☐ 학부모구호 ☐

인간을 지혜의 힘으로만 교육시키고
도덕으로 교육시키지 않는다면,
사회에 대하여 위험을 기르는 꼴이 된다_D. 루즈벨트.

이 땅에 독립을 주심에 감사를 드리는 기도

우리 민족을 회복시키신 하나님께 감사를 드립니다. 오늘은 우리 민족이 일제의 강점에서 벗어난 것을 기억하는 날입니다. 애굽에서 이스라엘 백성의 부르짖음을 들으셨던 것처럼 독립을 위한 우리의 간절한 기도에 응답해 주셔서 감사합니다.

일제강점기 35년 동안(1910.8.29-1945.8.15) 우리 민족은 어둠 속에서 고난의 삶을 살았습니다. 이 땅의 자녀들은 고유한 말과 글을 사용할 수 없었고, 우리의 성과 이름을 쓸 수가 없었습니다. 더 나아가 이 땅의 기독교인은 신사참배를 통하여 하나님 외에 다른 신을 섬기도록 강요받았습니다. 그리하여 어떤 이들은 스데반이 그러했듯이 죽음으로 믿음을 지켜 냈습니다.

하나님, 이 땅에 빛으로 회복(광복)을 꿈꾸며 민족을 이끌었던 청년들을 보내 주셔서 감사합니다. 많은 핍박 가운데에서도 우리의 말과 글을 가르쳤던 교회, 가정을 지켜 주셔서 감사합니다. 무엇보다도 이 땅 곳곳마다 십자가가 세워지고 예배하는 민족이 되게 해 주셔서 감사합니다. 이제 우리를 해방시킨 하나님의 은혜를 기억하며, 더 이상 어둠에 거하지 않고 빛과 동행하는 우리 민족이 되게 하옵소서. 예수님의 이름으로 기도합니다. 아멘.

> 내가 기도하노라 너희 사랑을 지식과 모든 총명으로 점점 더 풍성하게 하사 너희로 지극히 선한 것을 분별하며 또 진실하여 허물 없이 그리스도의 날까지 이르고
> _빌 1:9-10.

오늘의 기도

매일기도 ☐ 학부모구호 ☐

실로 자랑할 수 있는 자는 오직 겸손한 사람이다_C.S. 루이스.

민족의식 교육을 위한 기도

대한민국 국민의 한 사람으로 우리를 불러 주신 하나님께 감사를 드립니다. 동방의 작은 나라이지만, 하나님을 경외하는 나라, 성실함으로 전쟁 후에도 나라를 재건한 나라, 창의력과 예술 감각이 넘치는 나라가 대한민국임을 고백합니다.

하나님, 이 땅의 자녀들이 하나님이 세워 주신 대한민국 국민임을 감사하며, 소중히 여기기를 소망합니다. 특별히 전쟁 속에서도, 외압 속에서도, 독재정권 속에서도 하나님의 공평과 정의를 실현하고, 사랑 가운데 굳건히 선 민족임을 교육 속에서 배우게 하옵소서.

영어 유치원, 조기 유학 등 글로벌 시대에 살아남기 위해 어려서부터 다른 나라의 문화를 배우는 다음 세대와 부모가 가장 한국적인 것이 세계적인 것임을 잊지 않고, 한국의 문화나 역사를 먼저 배우기에 힘쓰게 하시고, 학교와 부모가 마땅히 가르치게 하옵소서.

그리하여 바른 민족의 정체성을 지니고 선 우리의 자녀가 세계 곳곳에서 하나님의 이름과 대한민국의 이름을 떨치게 하옵소서. 예수님의 이름으로 기도합니다. 아멘.

그러므로 함께 하늘의 부르심을 받은 거룩한 형제들아 우리가 믿는 도리의 사도이시며 대제사장이신 예수를 깊이 생각하라_히 3:1.

오늘의 기도

매일기도 ☐ 학부모구호 ☐

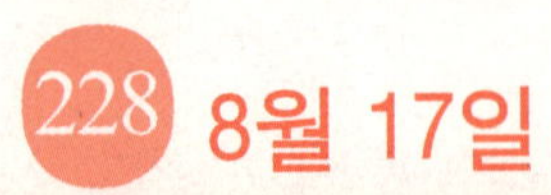

옳은 행동을 하고 남보다 먼저 모범을 보이는 것이
교육이라는 것이다_순자.

나라를 사랑했던 한국교회의 전통을 이어가길 바라는 기도

120여 년 간의 우리나라 교회사 속에서 역사하신 하나님, 이 땅의 교회가 개개인의 구원과 안녕에 초점을 맞추기보다는 공동체와 나라를 먼저 생각하게 하시니 감사합니다. 한국교회가 걸어온 길을 기억하며 기도합니다.

성경이 번역되기 이전부터 성경을 읽고, 성경을 바랐고, 이 나라의 독립을 위해 기꺼이 죽음을 불사했고, 민주화를 위해 목소리를 높였던 우리의 신앙 선조들을 기억합니다. 나라를 사랑하고 교회를 사랑했던 신앙 선조들의 발걸음을 우리도 따라가게 하옵소서.

특별히 나라를 사랑하고 하나님을 사랑하는 바른 민족이 되기 위해 한 교회가 한 학교를 세우고 교육한 그 길을 본받아 교회가 이 땅의 학교교육에 더욱더 관심을 갖게 하옵소서. 또한 가정에서도 국경일에 태극기를 걸고, 자녀에게 한국교회의 신앙 선조들의 모습을 가르치게 하옵소서. 예수님의 이름으로 기도합니다. 아멘.

그러므로 우리에게 큰 대제사장이 계시니 승천하신 이 곧 하나님의 아들 예수시라 우리가 믿는 도리를 굳게 잡을지어다_히 4:14.

오늘의 기도

매일기도 □ 학부모구호 □

행복한 생활은 마음의 평화에서 이루어진다
_마르쿠스 툴리우스 키케로.

바른 교육을 세우기 위해 힘쓰는 단체를 위한 기도

하나님의 영광을 위해 선하신 뜻 가운데 우리를 세워 주신 하나님께 감사를 드립니다. 하나님의 뜻 안에 부름받았지만 언제부터인가 자녀교육에 있어 우리의 욕구충족이나 물질만능 가치를 추구하는 길로 가고 있음을 회개합니다.

교육에 새로운 바람을 불어넣고자 세워진 수많은 단체 가운데 하나님의 은혜가 임하길 소망합니다. 이 시대의 그릇된 열정의 바람을 돌이키기 위해 세워진 교사 단체, 학부모 단체, 교육 단체 등이 하나님의 마음을 시원케 하는 곳이 되게 하옵소서. 교육에 대한 정책을 제시하기 전에 이 땅의 교육에 대한, 자녀에 대한 사랑의 마음과 애통의 마음이 함께 있게 하옵소서. 하나님이 주신 지혜로 교육 전반에 대한 문제를 보게 하시고, 그 문제를 해결할 수 있는 방안을 제시하게 하옵소서.

그리하여 여러 단체가 힘쓰고 연합하여 제시하는 교육정책이 잘 입안되고 실현되어 목적을 잃어 버린 세대 가운데 꿈을 불어넣게 하옵소서. 예수님의 이름으로 기도합니다. 아멘.

내가 내 언약을 나와 너 및 네 대대 후손 사이에 세워서 영원한 언약을 삼고 너와 네 후손의 하나님이 되리라_창 17:7.

오늘의 기도

매일기도 ☐ 학부모구호 ☐

남을 가르치는 일은 스스로 배우는 일이다_영국 격언.

국사(역사)에서 하나님의 진리와 뜻을 발견하기를 위한 기도

역사의 주인이신 하나님, 역사를 이끄시는 하나님의 선하신 통치가 우리나라와 세계에 드러나고 찬양받으시기를 원합니다. 무엇보다 국사(역사)교과를 통해 하나님의 역사적 통치와 주권이 알려지고 인정되게 하옵소서.

국사(역사)교과를 통해 과거를 올바로 알고, 그로부터 현재와 미래를 바라보는 지혜로운 눈을 갖게 하옵소서. 다양한 관점과 가치관이 서로 충돌하거나 보다 힘 있는 쪽이 다른 쪽을 억압하지 않게 하시고, 창조적으로 조화를 이루어 현재와 미래를 위해 보다 건강하고 선한 지혜가 길러지고 또한 힘이 모아지게 하옵소서. 특히 국사(역사)를 왜곡하거나, 바꾸거나, 부정하려는 시도와 힘 있는 사람들이 원하는 대로 국사(역사)를 가르치려는 그릇된 시도를 막아 주옵소서. 국사(역사)교과를 통해 길러진 국사(역사)에 대한 바르고 건강한 이해와 태도를 토대로 우리의 역사와 우리나라를 더 사랑할 뿐만 아니라 다른 나라와 문화에 대한 이해와 배려도 함께 자라나게 하옵소서.

이를 위해 다양한 수준에서 국사(역사) 교육과정이 개발되게 하시고, 교사의 교과 전문성과 교육 수월성이 성장되게 하시되, 무엇보다 모든 역사의 주인으로 통치하시는 하나님께 교육의 주권을 넘겨드리는 거룩한 변화가 있게 하옵소서. 예수님의 이름으로 기도합니다. 아멘.

그의 후손이 땅에서 강성함이여 정직한 자들의 후손에게 복이 있으리로다
_시 112:2.

오늘의 기도

매일기도 ☐ 학부모구호 ☐

태아기에서 유아기 자녀의 신앙발달을 위한 기도

사람의 신앙이 발달하게 하신 하나님께 감사를 드립니다. 하나님이 정하신 신앙발달의 여정에서, 우리 부모가 자녀의 신앙발달을 돕는 좋은 통로와 환경이 되기를 원합니다.

무엇보다 네 살 이전의 시기에 신앙의 기초가 되는 요소와 덕목이 건강하게 갖추어지기를 원합니다. 불신, 좌절, 비겁 대신 신뢰, 희망, 용기 등의 덕목이 갖추어지게 하시고 이를 기초로 신앙이 건강하게 발달할 발판이 마련되게 하옵소서.

또한 이 시기에는 무의식이 형성됨으로써 모든 신앙 관련 요소가 무의식에 새겨져 평생에 큰 영향을 미치게 됩니다. 자녀가 맞이하는 이 시기가 신앙 형성을 위해 매우 중요한 때임을 이 땅의 부모, 특히 어머니들이 깊이 알게 하시고, 신앙 형성의 토대가 되는 부모와의 관계성과 깊은 신뢰를 형성해 주는 통로가 되게 하옵소서. 예수님의 이름으로 기도합니다. 아멘.

내가 내 언약을 너희와 너희 후손과 너희와 함께 한 모든 생물 곧 너희와 함께 한 새와 가축과 땅의 모든 생물에게 세우리니 방주에서 나온 모든 것 땅의 모든 짐승에게니라_창 9:9-10.

오늘의 기도

매일기도 ☐ 학부모구호 ☐

모범은 말없이 가르침에도 불구하고 교육자 중에서 가장 강력하다_새무얼 스마일즈.

가정 안에서의 바른 헌금생활 교육을 위한 기도

하늘의 새도, 들에 핀 꽃도 먹이시고 입히시는 하나님, 우리 삶의 모든 것을 책임져 주심에 감사를 드립니다. 우리의 영육의 모든 것을 책임져 주시는 하나님께 감사하며 드리는 헌금이 어느 날부터 주일 아침 자녀의 손에 급하게 쥐어 주는 지폐 한 장이 되어 버렸음을 용서하여 주시옵소서.

가정에서부터, 기독학부모인 우리로부터 바른 헌금관이 세워지기를 소망합니다. 혹시나 부모인 우리가 잘못된 재정관이나 헌금생활을 하고 있다면 성령 하나님께서 저희를 만져 주시고 가르쳐 주시옵소서. 부모로부터 바른 신앙 습관이 대물림되게 하여 주시옵소서. 어려서부터 하나님의 것을 하나님의 것으로 인정하여 드리는 훈련을 시작하게 하옵소서. 물질을 하나님께 드리는 것뿐 아니라 자신의 삶, 시간도 하나님께 드리는 것을 아까워하지 않게 하옵소서.

그리하여 자녀가 세상의 물질과 가치관을 따라가는 인생을 사는 것이 아니라 하나님의 참된 비전과 신앙의 가치를 따라 살아가게 하시며, 그 뒤에 채워 주시는 하나님의 은혜를 경험하며 살게 하옵소서. 예수님의 이름으로 기도합니다. 아멘.

너희 중 남자는 다 할례를 받으라 이것이 나와 너희와 너희 후손 사이에 지킬 내 언약이니라_창 17:10.

오늘의 기도

매일기도 □ 학부모구호 □

8월 22일

인정을 받으며 자란 아이는
자기 자신을 좋아하는 것을 배웁니다_도로스 로 놀트.

개학과 신학기 준비를 위한 기도

쉼과 휴식을 통해 우리에게 평안을 주시는 하나님, 방학 동안 보살펴 주시고 인도해 주심에 감사와 찬양을 드립니다. 방학이란 시간 동안 잠시나마 여유를 가졌습니다. 친척집이나 여행지를 방문하기도 했고, 취미와 여가생활도 가졌습니다. 학교를 가지 않는 시간이 긴 자녀들은 컴퓨터와 TV 시청 및 게임도 했습니다.

새 학기를 맞이하는 이 시간, 방학동안 느슨했던 우리의 마음과 생각을 모으기 위해 주님께 기도합니다. 등교시간, 학원일정 등의 시간 관리를 짜임새 있게 하도록 인도해 주옵소서. 또한 선생님을 존경하고 한 학기를 즐겁게 시작하게 하시며 친구들과도 아름다운 교제를 누리게 하옵소서.

새롭게 시작하는 학기에서도 새로운 앎의 영역에서 깨우침을 더하여 주시고 더욱 강건하여 기쁘게 학업을 해 나가도록 지켜 주시옵소서. 자녀뿐 아니라 부모인 우리도 다시 질서 있는 생활을 잘 형성하도록 인도하시고 학교와 이 땅 교육을 향한 중보의 기도를 쉬지 않도록 하옵소서. 예수님의 이름으로 기도합니다. 아멘.

그의 종 이스라엘의 후손 곧 택하신 야곱의 자손 너희는 그의 행하신 기사와 그의 이적과 그의 입의 법도를 기억할지어다_대상 16:12.

오늘의 기도

매일기도 □ 학부모구호 □

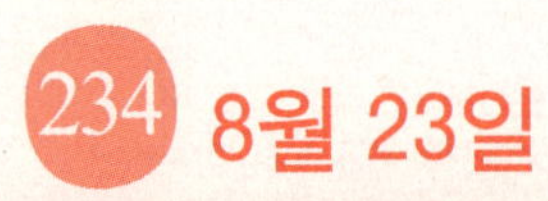

교사와 학부모 간의 관계성 회복을 위한 기도

우리 자녀를 통해 풍성한 계획을 갖고 계시는 하나님, 자녀를 둘러싸고 있는 중요한 교육주체인 교사와 학부모의 관계성 회복을 위해 기도합니다.

교사와 학부모는 자녀들의 온전한 교육을 위해서 머리를 맞대고 함께 노력하며 나아가야 할 동역자임에도 불구하고, 우리 안에는 불신과 반목이 가득함을 고백합니다. 교사는 학부모를 동역자로 여기지 않고 학부모의 이야기에 귀 기울이지 않습니다. 또한 학부모는 교사를 존중하지 않으며 내 자녀에게 별 탈 없기만을 원하면서 이기적인 모습으로 교사들을 대할 때가 많습니다.

이제는 교사와 학부모가 바른 교육의 길을 향해 깊은 신뢰를 가지고 그 길을 함께 가는 동역자가 될 수 있도록 인도하여 주시옵소서. 학부모는 자녀에 대해 이야기하는 교사의 말에 귀 기울이게 하시고, 교사가 자녀를 잘 이해할 수 있도록 가정에서의 모습을 겸손하게 말하게 하옵소서. 또한 교사는 학부모에게 도움을 구하는 것을 어려워하지 말게 하시고, 마음을 다해 학생을 지도하며, 학부모의 말에 귀 기울게 하옵소서.

이렇듯 교사와 학부모가 서로 존중하여 학교가 함께 가는 공동체가 될 수 있도록 은혜 베풀어 주옵소서. 예수님의 이름으로 기도합니다. 아멘.

온전하게 행하는 자가 의인이라 그의 후손에게 복이 있느니라_잠 20:7.

오늘의 기도

매일기도 ☐   학부모구호 ☐

머리가 뜨겁고 가슴이 찬 상태로는
세상의 아무것도 해결할 수 없다_빌리 그레이엄.

새 학기를 맞이하는 자녀의 자세에 대한 기도

날마다 새로운 것으로 채워 주시는 하나님, 방학이 길고 긴 것 같지만 언제 지나갔나 싶을 정도로 개학이 성큼 다가왔습니다. 방학 중에 하고 싶었던 여러 일들, 더 집중하고 공부하고 싶었던 것들, 만나고 싶었던 일가친척 등 아이와 함께 계획한 모든 것이 계획대로 다 잘 되지는 않았지만 쉼의 시간을 주셔서 감사합니다.

자녀가 이제 새 학기를 맞이하는데 하나님이 열정과 소망으로 세워 주시길 기도합니다. 부모는 모든 일에 열정적이고 생기 가득한 모습으로 생활하는 자녀이길 바라지만 때로는 무기력하고 의미 없어 하며 힘이 빠져 있는 자녀를 볼 때가 허다합니다. 무료하게 방학을 보내고 시간을 낭비하며 미래에 대한 계획도 없는 것 같습니다. 이런 자녀의 모습을 볼 때마다 마음이 아프고 걱정도 되면서 때로는 자녀에게 화를 내기도 합니다.

하나님! 이번 새 학기에 다시 한 번 생기를 불어넣어 주셔서 학교생활에 더욱 열정을 가지고 임하게 하시며 주님의 선하심을 믿고 기대함으로 생활하게 인도하여 주시옵소서. 부모인 저도 새 학기에는 더욱 지혜롭게 하시고 교육의 회복을 위해 더 간구하게 하옵소서. 예수님의 이름으로 기도합니다. 아멘.

또 그의 후손을 영구하게 하여 그의 왕위를 하늘의 날과 같게 하리로다_시 89:26.

오늘의 기도

매일기도 □ 학부모구호 □

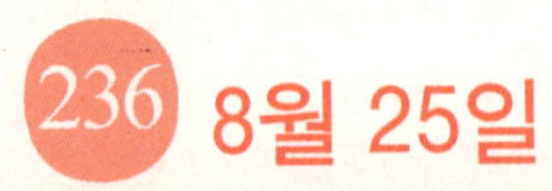

교사와 교사 간의 관계성 회복을 위한 기도

귀한 교사공동체를 만들어 주시는 하나님! 오늘은 학교에서의 공동체 회복을 위해 기도하면서 교사 간의 관계성 회복을 위해 기도합니다. 학교가 공동체로 서기 위해서 가장 먼저 해야 할 것은 교사 간에 건강한 관계를 세우는 것임이 분명한데, 서로 간의 인격적 교류와 나눔 없이 같은 학교에 있는 것만으로 한 공동체라고 외치는 것은 아닌지 우리의 모습을 돌아봅니다.

담당 교실의 문을 꽉 닫아둔 채 자신의 수업과 학급경영에 대하여 어떠한 나눔과 소통 없이, 평가 없이 교사 자신의 신념과 고집으로만 교육현장이 있지 않게 하옵소서. 이제 교사들이 각자의 문턱을 낮춰 교사와 교사의 사이가 먼저 신뢰와 사랑에 기초한 배움과 나눔의 공동체가 되게 하옵소서. 반목과 질시를 벗어나서 서로가 배우게 하시고 더 나은 교실환경을 위해 함께 기도하게 하옵소서.

서로의 교실문을 열어 두고, 수업에 대해 함께 고민하고 공감하며, 더 나은 학급경영과 교육행정의 변화와 발전을 위해 서로 배우게 하여 주옵소서. 이를 위해 수고하고 계시는 일선 학교의 '기독교사' 모임과 '교사 신우회' 등을 격려하여 주셔서 신뢰받는 교사, 협력하는 교사로 주님이 기뻐하시는 교사로서 사명을 충실히 감당하게 하옵소서. 예수님의 이름으로 기도합니다. 아멘.

그의 종들의 후손이 또한 이를 상속하고 그의 이름을 사랑하는 자가 그 중에 살리로다_시 69:36.

오늘의 기도

매일기도 ☐ 학부모구호 ☐

새 학기 자녀의 학급을 위한 기도

만남 가운데 복을 주시는 하나님, 새 학기 우리 자녀의 학교생활을 위해 기도합니다. 자녀의 담임선생님과 교과목 선생님을 위해 기도합니다. 주님의 섭리로 귀한 선생님들을 만나게 하신 줄 믿습니다. 선생님들에게 지혜와 용기와 건강을 주셔서 학교에서 생활하실 때 어려움이 없게 하옵소서.

자녀가 선생님을 대할 때 권위에 순종하고 존경하며 따르게 하옵소서. 친구들과 함께 아름다운 사회성을 키우게 하옵소서. 경청하며 친구를 배려하게 하시되, 용기가 필요할 때는 담대함을 주시고, 인내도 주시옵소서. 학교를 지켜 주시되 세상이 주는 것과 같지 않은 하나님의 평안으로 보호하여 주시옵소서. 새 학기에 배울 교과 가운데서도 하나님이 도와주셔서 성급히 좌절하지 않게 하시고 꾸준히 실력을 향상시키면서 앎과 깨우침이 있는 학업의 길이 되게 하옵소서. 그리하여 자녀가 새 학기에는 학업뿐 아니라 학급 안에서도 하나님의 나라를 경험하게 하옵소서.

부모로서 건전한 역할을 감당하며 선생님께는 선한 동역자로, 자녀에게는 기도의 중보자로, 자녀의 친구들에게는 좋은 이웃으로 섬기게 하옵소서. 예수님의 이름으로 기도합니다. 아멘.

주의 종들의 자손은 항상 안전히 거주하고 그의 후손은 주 앞에 굳게 서리이다 하였도다_시 102:28.

오늘의 기도

매일기도 ☐ 학부모구호 ☐

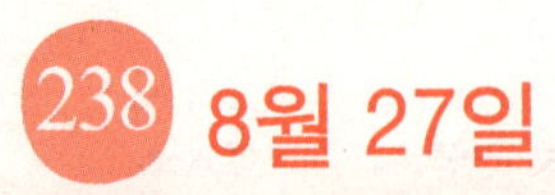

기본적인 돌봄을 제공하는 부모가 되길 바라는 기도

하나님 아버지, 여호와가 주신 기업으로 자녀들을 부모 된 우리에게 맡겨 주시니 감사합니다. 하나님께서 축복의 통로가 되라고 우리를 불러 주셨는데, 그것을 가볍게 여기거나 자주 잊어버린 채 자녀를 소유물로 대하였던 것을 용서하여 주시옵소서.

우리의 부모 되신 하나님께서 들에 핀 백합화를 입히시며, 만나와 메추라기로 이스라엘 백성을 먹이시고 돌보신 것처럼 우리도 자녀에게 먹이고 입히고 건강하게 양육하는 것을 게을리 하지 않게 하옵소서. 건강한 음식을 먹이고, 적절한 운동을 함께하여 자녀의 몸이 하나님의 성전으로 바른 역할을 감당할 수 있도록 인도하는 부모가 되게 하옵소서.

자녀가 살아가는 평생 동안 하나님께서 주신 몸과 마음을 말씀 안에서 지키고 보호하며 관리할 수 있도록 부모로서 모범을 보이게 하시고, 가르치게 하옵소서. 하나님께서 맡겨 주신 청지기의 사명을 잘 감당하기를 소망하며, 예수님의 이름으로 기도합니다. 아멘.

> 이스라엘 자손이 여호와께 거제로 드리는 모든 성물은 내가 영구한 몫의 음식으로 너와 네 자녀에게 주노니 이는 여호와 앞에 너와 네 후손에게 영원한 소금 언약이니라_민 18:19.

오늘의 기도

매일기도 ☐ 학부모구호 ☐

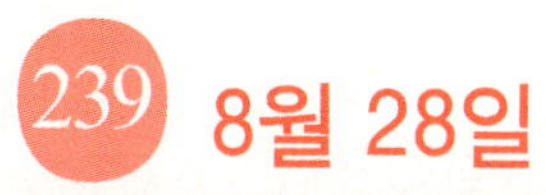

학부모와 학부모 간의 관계성 회복을 위한 기도

부모로서 거룩한 사명을 주신 하나님! 오늘은 학교공동체의 올바른 형성을 위해서 학부모 사이의 관계성을 두고 기도합니다. 요즘 학교의 아픈 이야기 가운데 학부모가 있음을 솔직하게 고백합니다. '옆 집 엄마'를 경쟁상대로 여기고, 더 많은 정보를 얻기 위해 부단히 노력하면서 자신의 정보는 공유하지 않으려고 하는 이기심이 학부모들 가운데 있음을 고백합니다. 또한 '내 자녀'만을 위한 편협하고 왜곡된 사랑으로 '치맛바람'이라는 부정적인 영향을 끼친 것도 많았음을 고백합니다.

주님, 이제는 자녀의 학교교육의 회복을 위하여 학부모가 서로를 신뢰하고 힘을 모으며 공동의 선을 향해 노력하게 하옵소서. 학교가 선한 모습으로 나아가도록 지지하고 교사들을 격려하며 우리의 자녀들을 함께 키우는 아름다운 공동체로서 건전한 역할을 할 수 있도록 학부모들을 세워 주시옵소서.

특히, 학부모운영위원회를 붙들어 주셔서 선한 역할과 건전한 사역들을 도모하도록 인도하옵소서. 예수님의 이름으로 기도합니다. 아멘.

오늘 내가 네게 명령하는 여호와의 규례와 명령을 지키라 너와 네 후손이 복을 받아 네 하나님 여호와께서 네게 주시는 땅에서 한 없이 오래 살리라_신 4:40.

오늘의 기도

매일기도 □ 학부모구호 □

문제아동은 절대 없다.
있는 것은 문제 있는 부모뿐이다_A.S. 니일.

자녀를 감시하고 통제하는 그릇된 열정을 회개하는 기도

하나님 아버지, 우리의 연약함을 가지고 나아가며 기도합니다. 자녀가 하나님의 것이라고, 주님의 말씀으로 양육하는 기독학부모가 되기를 원한다고 말하지만, 여전히 자녀 앞에 서면 무너지고 마는 우리의 연약함을 긍휼히 여기어 주시옵소서.

자녀가 한 학년, 한 학년 진급할 때마다 주변의 아이들을 보며 조급해지는 우리의 마음을 내려놓기 원합니다. 우리의 불안 때문에 자녀의 일거수일투족을 감시하며 통제하는 우리의 그릇된 열정을 돌이키기 원합니다. 내 눈에 보이지 않으면, 내가 확인하지 않으면 자녀를 믿지 못하는 우리의 불신 또한 내려놓습니다. 나의 기준과 틀에 자녀를 가두어 버려, 자녀가 독립적이고 주체적인 삶을 살지 못하는 것은 아닌가 하는 두려움도 앞섭니다.

주님, 하나님의 말씀과 뜻을 알지만 여전히 넘어지는 우리의 걸음을 멈추게 해 주시고, 다시는 그 길을 가지 않게 하시며, 기독학부모로 살아내는 믿음과 용기를 더하여 주시옵소서. 자녀에 대한 불신과 불안을 주님 앞에 내려놓으며, 예수님의 이름으로 기도합니다. 아멘.

내가 그들에게 한 마음과 한 길을 주어 자기들과 자기 후손의 복을 위하여 항상 나를 경외하게 하고_렘 32:39.

오늘의 기도

매일기도 ☐ 학부모구호 ☐

지리에서 하나님의 진리와 뜻을 발견하기를 위한 기도

온 세계를 지역적·지리적으로 다양하고 특색 있게 창조하신 하나님의 창조 섭리를 찬양합니다. 특별히 지리교과를 통해 참으로 풍성한 일들이 있도록 하신 지구의 표면에 대하여 바르게 교육하게 하심에 감사를 드립니다. 지리교과를 통해 지구의 표면에 존재하는 지리적 현상은 물론 그 안에서 벌어지는 인간과 자연, 사회의 다양한 현상을 바르게 이해함으로 우리나라는 물론 세계에 선하게 기여하는 사람들이 풍성히 길러지게 하옵소서. 특별히 지리에 대한 하나님의 뜻을 제대로 알고, 하나님의 나라를 이루어 가기를 원합니다.

지리교과가 우주와 지구를 만드신 하나님이 지리교과에 대한 주권을 가지신 분이심을 바르게 제시하고, 하나님의 뜻 안에서 지리교과의 다양한 영역은 물론 교육과정이 개발되게 하옵소서. 또한 지리교과를 통해 자연과 인간의 관계를 건강하게 만들고, 우리나라와 세계를 아끼고 사랑하며, 인류가 당면한 여러 문제를 바르게 해결하는 성숙한 시민이 길러지기를 원합니다.

지리교과는 다양한 교과와 학문과의 협력이 중요한 만큼 학문적 협력과 융합을 잘 이끌어 내는 교육이 일어나게 하옵소서. 이를 위해 전문적인 교사들도 육성되고, 그들이 교육할 자리도 있게 하옵소서. 지리교과에 인하시는 하나님 나라를 소망하며 예수님의 이름으로 기도합니다. 아멘.

하나님이 또 아브라함에게 이르시되 그런즉 너는 내 언약을 지키고 네 후손도 대대로 지키라_창 17:9.

오늘의 기도

매일기도 ☐ 학부모구호 ☐

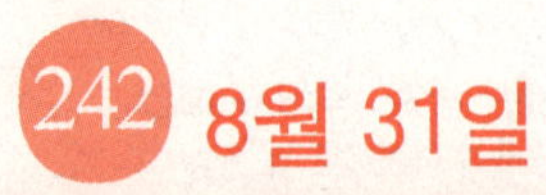

교육은 어머니의 무릎에서 시작되고
유년기에 들은 모든 언어가 성격을 형성한다_장 루이 바로.

자녀의 학업을 학교와 학원에 위탁함을 회개하는 기도

우리에게 자녀를 맡겨 주신 하나님께 감사를 드립니다. 하나님께서 자녀의 기본적인 돌봄의 책임뿐만 아니라 교육의 책임도 부모에게 맡겨 주심을 기억합니다. 부모로서 자녀에게 책임을 다한다고 하면서, 자녀에게 보다 효과적이고 전문적인 교육이 필요하다고 외치며 학원과 학교에만 자녀를 위탁하고, 깊은 관심을 두지 않았음을 고백합니다. 단순히 '학원에 보내면 잘하겠지, 학교에서 잘 가르치니까'라고 막연히 생각하며, 학원만 학교만 보내면 부모로서의 책임을 다하고 있다고 생각한 우리의 오산을 주님 앞에 올려놓습니다.

이제는 자녀가 학교에서 무엇을 배우는지 어떤 교육을 받는지, 자녀를 학교에 위탁한 교육의 주체로서 바른 관심을 가지고 점검하게 하옵소서. 부모의 도덕적·종교적인 신념에 따라 자녀를 교육시킬 수 있기에 먼저 부모인 우리가 기독학부모로서 바른 교육의 가치를 확립하기를 원합니다.

자녀들을 부지런히 가르치는 것이 하나님이 주신 명령임을 기억하며, 자녀 교육에 대한 일차적 책임을 잊지 않고 살아가게 하옵소서. 예수님의 이름으로 기도합니다. 아멘.

하나님이 큰 구원으로 당신들의 생명을 보존하고 당신들의 후손을 세상에 두시려고 나를 당신들보다 먼저 보내셨나니_창 45:7.

오늘의 기도

매일기도 □ 학부모구호 □

기독학부모 기도운동 시리즈
세 번째 주제는 '**열정**'입니다.
그리고 9월의 묵상 주제는
'**감사**'입니다.
기도를 돕는 격언과 말씀은
하나님을 향한 '**감사**'와 관련됩니다.

9월 첫날의 기도

세상을 달구는 뜨거운 무더위를 살짝 뒤로하고
부쩍 높아진 하늘과 시원한 바람이 초가을의 정취를 느끼게 하니
새로운 계절의 시작을 향한 반가움과
여름날의 시간을 추억으로 남기는 아쉬움이
마음에 함께 자리합니다.

주님, 9월에도 주님의 은혜가 온누리에,
특히 교육의 영역에 가득하기를 소원합니다.
하늘에서 공급받는 힘으로 자라나는 가을의 대추처럼, 사과처럼
우리 아이들이 주님 안에서 무럭무럭 자라서 꿈을 펼치며
우정을 나누게 하옵소서.
가정과 학교는 새 학기를 맞아 과실을 가꾸는 농부처럼,
부지런히 하늘을 바라보며 하루하루 정성을 다해
자녀들을 맞이하고 양육하게 하옵소서.
특히 가정과 교회와 학교, 그리고 지역사회가 서로 협력하는 가운데
교육의 바른 길을 함께 걸어가며 사람을 길러 내는 사명을
보다 충실히 감당하게 하옵소서.
주님께서 열어 주시는 9월을 기대하며 살아가길 원하오니
늘 동행하여 주시옵소서.
예수님의 이름으로 기도합니다. 아멘.

유치기 자녀의 신앙발달을 위한 기도

유치기 자녀들에게 감정과 상상력을 주시고, 그것을 토대로 신앙이 형성되고 발달하게 하신 하나님께 감사를 드립니다. 이 시기에는 무엇보다 부모의 모범과 영향력이 크게 하셨으니 우리 부모가 신앙교육의 책임과 주권을 세속적인 교육의 흐름에 빼앗기지 않고 잘 지켜 내게 하옵소서.

하나님은 이 시기의 자녀들이 논리나 이성보다 감정과 도덕적 방식 그리고 상상력을 사용하여 세상을 받아들이게 하셨습니다. 특히 우리 부모를 닮기를 좋아하게 하셨으니, 예배하기, 성경 읽고 암송하기, 헌금하기 등 신앙생활에서 자녀들이 따를 좋은 본이 되게 하옵소서. 또한 부모인 우리를 통해 사랑, 선함 등의 감정에 더 영향을 받아 건강한 신앙 발달의 양분이 제공되게 하옵소서. 그리고 교회와 가정에서 자녀의 신앙적 상상력이 자극되어서 신앙과 관련된 건강하고 좋은 이미지들이 간직되고 지속적으로 영향을 미치게 하옵소서.

하나님과 세상에 대해 질문이 많아질 때 부모는 인내와 성실로 대답하게 하시고, 사랑으로 인내하고 품어 줄 좋은 교사도 만나게 하옵소서. 예수님의 이름으로 기도합니다. 아멘.

주는 은혜를 천만인에게 베푸시며 아버지의 죄악을 그 후손의 품에 갚으시오니 크고 능력 있으신 하나님이시요 이름은 만군의 여호와시니이다_렘 32:18.

오늘의 기도

매일기도 ☐   학부모구호 ☐

자녀의 숨겨진 은사 개발을 위한 기도 : 대인관계지능

하나님 아버지, 우리가 공동체를 이루게 하시고, 사회 속 일원으로 살아가게 하시니 감사합니다. 사람들과의 갈등과 소통 속에서 그리스도의 사랑을 드러내는 우리와 자녀가 되게 하옵소서. 하나님께서 사람을 혼자 살게 만들지 않으시고 더불어 살아가게 하셨사오니, 자녀에게 다른 사람과 함께 살아가고 소통하는 방법을 가르치는 부모가 되길 원합니다.

특별히 다른 사람의 마음을 잘 읽고 배려하는 마음이 자녀에게 있다면 그것이 잘 발현될 수 있도록 돕는 부모가 되게 하옵소서. 하나님께서 자녀에게 허락하신 그 은사가 귀한 것임을 아는 부모가 되게 하옵소서. 또한 그러한 은사가 눈에 띄게 드러나지 않을 지라도 하나님의 마음과 눈으로 다른 사람들의 형편을 살펴보는 마음이 자라게 하시고, 친구를 배려하며 이해하는 성품을 갖도록 은혜를 베풀어 주시옵소서.

그리하여 자녀가 다른 사람을 이해하고 배려하는 능력을 통해 자녀 주변에 있는 공동체가 건강하게 세워지고 회복되는 역사가 있게 하옵소서. 예수님의 이름으로 기도합니다. 아멘.

여호와께서 오직 네 조상들을 기뻐하시고 그들을 사랑하사 그들의 후손인 너희를 만민 중에서 택하셨음이 오늘과 같으니_신 10:15.

오늘의 기도

매일기도 □　학부모구호 □

246

9월 4일

기다릴 줄 아는 것이 성공의 제일 비결이다_R. 에머슨.

학교와 교사 간의 건강한 관계를 위한 기도

학교를 사랑하시는 하나님! 사람을 길러 내는 이 소중한 터전인 학교를 귀히 여기셔서 훈련받은 대로 쓰임받을 수 있도록 사람들을 세워 주시니 감사합니다. 특히 교장선생님과 관리직의 모든 분들을 격려하여 주셔서 선한 일에 지혜를 주시고, 바른 비전을 제시하며, 교사들과 함께 공유하고 실천하도록 인도하소서. 그리하여 학교 안의 여러 의사결정이 선하게 이루어지게 하시고, 학교 운영도 하나님의 방법으로 관리되게 하옵소서.

무엇보다 학교 공동체가 자신들의 위치 안에서만 주장하지 않게 하시고 학교 안에 서로 격려하고 공유하는 선한 문화가 있어서 가르침과 돌봄의 일선에 있는 교사들이 건강하게 가르치고 업무할 수 있는 환경을 제공하여 주옵소서.

또한 서로에게 듣는 마음의 지혜를 주셔서 학교 구성원들의 마음이 선한 일에 하나가 되어 새로운 관계를 통한 헌신하는 공동체가 되게 하시며 아름다운 공동체의 질서 속에서 합력을 도모하도록 인도하옵소서. 이로써 우리 학교 가운데 하나님의 나라가 이루어지게 하옵소서. 예수님의 이름으로 기도합니다. 아멘.

나는 목마른 자에게 물을 주며 마른 땅에 시내가 흐르게 하며 나의 영을 네 자손에게, 나의 복을 네 후손에게 부어 주리니_사 43:4.

오늘의 기도

매일기도 □ 학부모구호 □

부모의 교육주권 회복을 위한 기도 : 신앙교육측면

모든 만물이 주에게서 나오고 주로 말미암고 주에게로 돌아간다고 말씀하신 하나님! 이 세상의 모든 영역이 주님의 주권 아래 있음을 고백하면서도 자녀교육과 신앙 영역에서는 하나님께 온전히 맡겨드리지 못하는 우리의 믿음 없음을 긍휼히 여겨 주시옵소서.

자녀가 한 학년씩 진급할 때마다 그에 따라 배움이 깊어가고 성적이 향상되기를 바라면서도, 자녀의 나이와 학년에 맞게 신앙이 자라고 있는지에 대해서는 무관심하고 열정이 부족했던 것을 고백합니다. 단지 교회학교에만 잘 보내면 교회학교에서 알아서 신앙교육을 책임져 줄 것이라고 여겼던 우리의 생각을 내려놓습니다.

이제는 가정에서 일차적으로 신앙교육을 책임지면서도 교회학교와 동역하길 원합니다. 자녀가 교회와 교회의 속한 부서에서 잘 적응하고 있는지, 예배와 예배 후 모임에도 빠짐없이 참여하는지, 담당 교역자와 선생님과 함께 이야기를 나누며 자녀 신앙의 성장에도 깊은 관심을 갖게 하옵소서. 예수님의 이름으로 기도합니다. 아멘.

또 여호와께서 너희의 조상들에게 맹세하여 그들과 그들의 후손에게 주리라고 하신 땅 곧 젖과 꿀이 흐르는 땅에서 너희의 날이 장구하리라_신 11:9.

오늘의 기도

매일기도 ☐ 학부모구호 ☐

일이 비록 작더라도 하지 않으면 이루지 못하고,
자식이 비록 어질다 해도 가르치지 않으면
슬기롭지 못하게 된다_장자.

학교에 대한 분별의 영을 간구하는 기도

하나님, 저희에게 공부할 수 있는 학교와 안정된 대한민국을 허락해 주심에 감사합니다. 물질주의와 성장주의로 물들어 있는 교육현장에서 우리 자녀들이 살아가고 있습니다. 샬롬의 나라를 꿈꾸지만 부족한 저희는 순간순간 잘못된 판단을 합니다. 지혜의 주님, 저의 귀를 여시어 온전히 들을 것만 듣게 하시고 듣지 말아야 할 것은 듣지 못하게 막아 주시옵소서.

특별히 부모 된 우리가 교육 안에서 어디로 갈지 몰라 망설이고 있습니다. 학교의 교육철학이나 교육목표에 관심을 가지면서 선택하기보다는 대학 진학률로 학교를 판단하고 선택하는 우리를 긍휼이 여겨 주시옵소서. 특별히, 타종교 학교나 이단 학교라 할지라도 좋은 대학만 보내 준다면 상관없다고 생각하는 우리에게 분별의 영을 허락하여 주시옵소서.

부모인 우리와 자녀가 주님이 주신 분별력으로 학교를 선택하여 자녀가 그곳에서 하나님이 주신 달란트를 발견하고 자신의 적성과 하나님의 인도함을 받아 자라날 수 있게 하옵소서. 우리 자녀들을 가장 잘 인도할 수 있는 선생님과 친구들이 있는 곳으로 인도하옵소서. 예수님의 이름으로 기도합니다. 아멘.

여호와께서 그의 왕에게 큰 구원을 주시며 기름 부음 받은 자에게 인자를 베푸심이여 영원하도록 다윗과 그 후손에게로다 하였더라_삼하 22:51.

오늘의 기도

매일기도 ☐ 학부모구호 ☐

초등학생 연령 자녀의 신앙발달을 위한 기도

하나님, 이 땅의 어린이들이 아름다운 신앙을 갖기를 소망합니다. 우리의 자녀가 부모의 울타리에서 주로 살아가다가 학교에 처음 입학하여 선생님과 친구들을 만나고 공동체 생활을 시작하게 하시니 감사합니다. 소속감이 중요한 이 시기에 학교생활도 잘 적응하여 가정과 학교 모두에서 신앙의 좋은 양분을 얻기를 간구합니다.

가정과 교회는 물론 학교에서도 듣게 되는 여러 이야기와 관습에 영향을 받게 하셨으니, 곳곳에서 선한 이야기와 좋은 신앙 이야기를 많이 만나게 하옵소서. 또한 그것을 토대로 세상을 바라보는 눈이 건강하게 형성되게 하옵소서. 다른 사람의 관점에서 바라보는 힘을 주셨으니 그를 통해 공정하고 바람직한 도덕 개념이 형성되기를 원합니다.

가정과 교회에서 부모와 교사를 통해 바람직한 신앙생활 태도가 형성되고, 좋은 신앙 습관이 자리 잡게 하옵소서. 문자적인 신앙 형태를 갖게 하셨으니 신앙에 좋은 영향을 미치고 또한 인성에 도움되는 책을 많이 읽을 환경 또한 만나게 하옵소서. 예수님의 이름으로 기도합니다. 아멘.

내가 네게 명령하는 이 모든 말을 너는 듣고 지키라 네 하나님 여호와의 목전에 선과 의를 행하면 너와 네 후손에게 영구히 복이 있으리라_신 12:28.

오늘의 기도

매일기도 ☐   학부모구호 ☐

한 어머니는 백 사람의 스승보다 낫다 _요한 프리드리히 헤르바르트.

교사의 소명과 열정 회복을 위한 기도

이 세상의 빛과 소금으로 교사들을 부르시는 하나님! 교사가 학교에서 학생을 가르치기 이전에, 먼저 빛이신 하나님을 만나 그 안에 거하며, 하나님과 이웃을 깊이 사랑하고 존중하며 살아가는 소금이 되길 원합니다.

이 땅의 교사들이 소명자로서 매일 아침마다 '네가 나를 사랑하느냐'고 물으시는 주님의 음성에 응답하게 하옵소서. 또한 한 마리 잃은 양을 찾으시던 주님의 마음을 본받아 맡겨 주신 아이들을 뜨거운 마음으로 끝까지 사랑하게 하옵소서.

과도한 경쟁 속에서 갈 길을 잃고 잘못된 어른들의 삶의 방식에 점점 오염되어 가는 이 땅의 아이들에게 예수님의 희생과 봉사, 나눔과 헌신의 삶을 본받도록 가르치는 선한 목자인 교사가 되게 하옵소서. 가르침의 첫 마음을 잃지 않게 하시고, 하나님이 주신 소명에 응답하며, 교육의 열정을 날마다 새롭게 하옵소서. 새로운 소명자로 오늘도 교사를 부르신 예수님 이름으로 기도합니다. 아멘.

그러므로 상속자가 되는 그것이 은혜에 속하기 위하여 믿음으로 되나니 이는 그 약속을 그 모든 후손에게 굳게 하려 하심이라 _롬 4:16.

오늘의 기도

매일기도 ☐   학부모구호 ☐

공정한 대우를 받으며 자란 아이는
정의로움을 배웁니다_도로시 로 놀트.

국가 수준 교육과정과 교육정책을 위한 기도

교육의 창조자이자 전문가이신 하나님, 우리나라의 교육과정이 하나님이 정하신 원리와 법칙을 따르기를 원합니다. 국가 수준에서 교육과정을 개발하고 적용하는 전문가들이 바른 교육의 가치관과 사상을 갖게 하시고, 그릇된 방향을 갖지 않도록 지켜 주옵소서.

국가 수준에서 이루어지는 교육과정의 수립과 적용은 나라 전체의 교육 방향과 틀을 결정할 수 있으니 힘 있는 사람들 혹은 어느 한 집단의 뜻과 욕심이 반영되거나, 하나님이 기뻐하시지 않는 세력이 힘을 미치지 못하도록 막아 주시옵소서. 그 대신 교육의 의미와 가치에 따라 건강하고 바르게 교육과정이 마련되어 모든 형태의 학교와 교육에서 마음껏 바른 교육을 펼칠 수 있는 바탕이 마련되게 하여 주옵소서.

무엇보다 자유로운 기독교교육의 길이 국가수준 교육과정 안에 마련되어 하나님의 나라와 복음의 영향력이 모든 형태의 학교와 교육에 흘러가게 하여 주옵소서. 예수님의 이름으로 기도합니다. 아멘.

감사함으로 그의 문에 들어가며 찬송함으로 그의 궁정에 들어가서 그에게 감사하며 그의 이름을 송축할지어다_시 100:4.

오늘의 기도

매일기도 ☐ 학부모구호 ☐

9월 10일

자식을 불행하게 하는 가장 확실한 방법은 언제나 무엇이든지 손에 넣을 수 있게 해 주는 일이다_장 자크 루소.

자녀에 대한 전인적 차원의 관심을 위한 기도

자녀를 노엽게 하지 말고 주의 교양과 훈계로 자녀를 양육하라고 말씀하신 하나님 아버지! 하나님께서 분명히 자녀를 바르게 교육하는 길은 말씀의 원리를 따라 양육하는 것이라고 알려 주셨음에도 부모 된 우리는 말씀을 우선시하고 강조하기보다 세상의 교육방식을 따르려고 했음을 고백합니다.

성경과 사회의 실정법에서 말하고 있는 것처럼 하나님께서 맡겨 주신 자녀에 대한 교육의 책임이 다른 기관, 단체, 사람에게 있는 것이 아니라 부모인 우리 자신에게 있음을 잊지 않게 하옵소서.

또한 하나님의 교육은 자녀의 전인에 관심을 가지며, 모든 삶의 영역에서 주님 되심을 인정하는 것임을 압니다. 이제는 부모 된 우리가 영적 차원, 지적 차원, 신체적 차원, 정서적 차원, 관계적 차원 등 자녀의 전인에 관심을 갖는 부모가 되게 하옵소서. 바른 교육의 주체로 선 기독학부모가 자녀를 양육할 때, 자녀에게 전인적인 성장이 일어나며 하나님과 사람에게 사랑받는 은혜가 임하게 하옵소서. 예수님의 이름으로 기도합니다. 아멘.

네가 감사함으로 참여하며 어찌하여 내가 감사하는 것에 대하여 비방을 받으리요
_고전 10:30.

오늘의 기도

매일기도 □ 학부모구호 □

타종교, 이단 학교의 기독학생들을 위한 기도

하나님 아버지, 오늘의 삶을 위해 기도할 수 있는 시간을 주셔서 감사합니다. 특별히 학교 선택의 자유가 없어 기독학생이지만 타종교 학교나 이단 학교에 배정된 우리 자녀들을 긍휼이 여겨 주시옵소서. 하나님의 뜻이 있기에 어려운 영적인 애굽 생활을 하고 있는 우리 자녀들을 보살펴 주옵소서.

채플과 종교 시간 가운데 바른 신앙을 담대히 고백할 수 있는 우리 자녀들이 되게 하시고 약한 마음으로 미혹되지 않도록 부모와 자녀가 하나 된 마음으로 기도하게 하옵소서. 한나가 사무엘을 위해 겉옷을 지으며 기도하였던 것처럼 자녀들을 보내고 있는 부모에게 기도할 수 있는 영적 지혜를 허락하옵소서.

그 학교 가운데 우리 기독학생들의 부족함을 채워 주시고, 기독학생들의 모임이 형성되어 함께 기도하면서 어려운 환경을 극복하게 하옵소서. 보내신 이도 여호와 하나님이시고 졸업시키시는 분도 여호와 하나님이시기에 당신의 뜻을 펼치소서. 예수님의 이름으로 기도합니다. 아멘.

고운 것도 거짓되고 아름다운 것도 헛되나 오직 여호와를 경외하는 여자는 칭찬을 받을 것이라_잠 31:30.

오늘의 기도

매일기도 □ 학부모구호 □

청소년기 자녀의 신앙발달을 위한 기도

하나님, 우리 청소년들이 성장의 고통을 느끼면서 흔들리기도 하지만 아름답게 꽃 피워 가게 하신 것에 감사드립니다. 인생의 어떤 시기보다 많은 경험을 하는 이 시기에, 다양한 경험 속에서 신앙의 길을 잃는 것이 아니라, 오히려 정리되고 종합되는 건강한 성장을 이루게 하옵소서.

논리적이고 추상적인 사고를 하게 되는 이때에, 성경과 신앙의 여러 주제에 대한 관심을 갖게 하옵소서. 신앙의 중요한 주제와 개념이 잘 정리되고 이것들이 자신의 고백으로 간직되게 하옵소서. 나를 찾아가는 혼란기와 방황기를 건강하게 지날 수 있도록 가정과 교회에서 바른 길을 만나게 하시고, 자신의 자리와 인생의 방향을 찾게 하옵소서.

자신이 속한 공동체의 신앙을 깊은 인식이나 반성 없이 수용하게 되므로 그릇된 진리가 뿌리내린 곳으로부터 지켜 주시고 건강한 신앙에 기초한 공동체를 만나게 하옵소서. 인생의 모범이 되는 좋은 교사와 신앙선배도 만나게 하셔서 신앙의 든든한 기초를 얻게 하시고, 또래 친구들과도 좋은 영향을 주고받게 하옵소서. 예수님의 이름으로 기도합니다. 아멘.

또 무엇을 하든지 말에나 일에나 다 주 예수의 이름으로 하고 그를 힘입어 하나님 아버지께 감사하라_골 3:17.

오늘의 기도

매일기도 ▢ 학부모구호 ▢

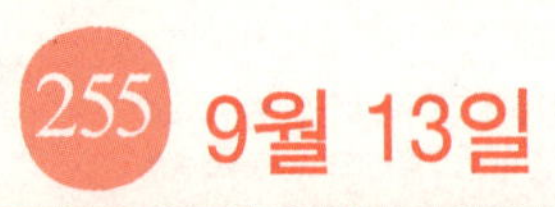

자녀의 숨겨진 은사개발을 위한 기도 : 자기이해지능

우리가 어떤 존재인지, 나보다 나를 더 잘 아시는 하나님, 이 땅에서 살아가는 동안 내가 누구인지, 내가 어디에서 왔고, 어디로 가는지 알게 해 주시니 감사합니다. 하나님께서 만들어 주신 존재 자체로 우리의 모습을 바르게 알기 원합니다.

주님, 어렸을 때부터 자신이 무엇을 잘하고, 어떤 것에 흥미가 있는지, 어떤 환경이 편안하고, 어떤 상황이 힘든지 잘 아는 자녀가 있습니다. 주님 앞에서 자신이 어떤 존재인지, 자신의 마음이 어떠한지를 잘 파악하는, 자녀의 은사를 귀히 여기는 부모가 되게 하옵소서. 자녀가 자신의 마음을 시나 노래, 글 등으로 잘 표현하며 읽어 낼 수 있도록 돕는 손길이 되게 하옵소서.

그리하여 자신을 잘 이해하는 자녀가 지식이 부족하고 인기가 없어도, 넉넉하거나 공부를 잘하지 못해도 이 세상의 구주이신 주님 앞에서 자신을 바라보며 만족하는 사람으로 살아가기를 원합니다. 주님의 눈빛으로 자녀를 바라보는 힘을 우리에게 주옵소서. 예수님의 이름으로 기도합니다. 아멘.

누추함과 어리석은 말이나 희롱의 말이 마땅치 아니하니 오히려 감사하는 말을 하라_엡 5:4.

오늘의 기도

매일기도 ☐ 학부모구호 ☐

당신에게 남겨져 있는 시간은
생각지 않은 선물이라고 여기고 살라 _마르쿠스 아우렐리우스.

교사의 전문성을 위한 기도

예수님을 통해 교사의 모범을 보여 주신 하나님, 하나님 나라의 비밀을 비유로 풀어 가르치시던 예수님의 지혜를 교사들에게도 주시기를 기도합니다.

교사들이 이 세상을 향하신 하나님의 뜻을 바르게 깨달아 알게 하시고, 그것이 각 교과를 통하여 전달될 때 아이들에게서 배움의 기쁨이 샘솟게 하시고 그 기쁨이 삶을 통해 나타나게 하옵소서.

나무 위의 삭개오를 바라보시던 예수님의 눈으로, 하나님의 형상대로 지음 받은 아이들을 바라보게 하시고, 그 아이들 각자에게 주신 은사와 재능을 발견할 수 있게 하옵소서. 수가성 여인에게 물을 청하던 예수님의 손으로, 아이들에게 각기 다른 필요를 채워 주게 하시며, 죽은 나사로를 살리신 능력으로, 아이들에게 용기와 희망을 불어넣는 교사가 되게 하옵소서. 성전의 장사꾼들을 향해 분노하시던 힘은, 나태한 교직 문화를 바꾸어 가는 원동력이 되게 하옵시고, 무엇보다도 하나님의 사랑을 십자가 위에서 보여 주신 예수님의 삶을 아이들에게 전하는 참된 교육 전문가가 되게 하옵소서.

교사들의 소명뿐 아니라 가르침의 전문성도 늘 새롭게 하시며 채우시는 예수님의 이름으로 기도합니다. 아멘.

우리를 비천한 가운데에서도 기억해 주신 이에게 감사하라 그 인자하심이 영원함이로다 _시 136:23.

오늘의 기도

매일기도 □ 학부모구호 □

사회의 그릇된 교육 풍토에 대한 분별력을 위한 기도

하나님! 뜻이 하늘에서 이루어진 것처럼 땅에서도 이루어지기를 소망하며 기도합니다. 말씀에 비추어 자녀 양육에 있어서도 하나님의 뜻이 어디에 있는지를 구하고 그 뜻을 이루어 가야 함에도 사회의 전통과 관습을 따르려 하고 세상의 교육 풍토를 따르려는 생각과 의식이 앞서갔음을 고백합니다.

다른 학부모와 교제하면서 세상의 교육 방식에 왜곡되고 그릇된 것이 있음을 알면서도, 내 자녀에게 유리하거나 좋으면 여과 없이 수용했습니다. 잘못된 교육임을 뻔히 알면서도 내 자녀가 뒤쳐질까봐 불안해하며 따랐습니다. 우리를 긍휼히 여겨 주시옵소서.

지혜의 근본이신 하나님, 이제는 하나님의 뜻을 이루는 데 방해가 되는 세상적인 전통과 관습, 우리나라의 문화와 사회적인 교육풍토를 분별하기를 원합니다. 우리도 모르게 무의식 속에 가득 지배받고 있는 교육풍토로부터 벗어나 하나님의 새로운 교육의 열정을 불어넣는 기독학부모가 되게 하옵소서. 예수님의 이름으로 기도합니다. 아멘.

감사로 제사를 드리는 자가 나를 영화롭게 하나니 그의 행위를 옳게 하는 자에게 내가 하나님의 구원을 보이리라 _시 50:23.

오늘의 기도

매일기도 □ 학부모구호 □

청년기 자녀의 신앙발달을 위한 기도

하나님, 청년기를 맞이한 자녀가 의존적 신앙에서 이제는 하나님 앞에 스스로 바로 서는 신앙인으로 자라게 하시기를 원합니다. 스스로 서야 하는 고통과 아픔을 이겨 내게 하시고, 하나님이 허락하신 성찰하는 능력을 통해 신앙과 인생의 도약을 이루게 하옵소서.

지금까지 의존하고 있던 것들을 끊어 버리고 스스로 서야 하지만, 신앙 안에서 또한 세상 속에서 스스로 서기 어려운 환경 앞에 좌절하거나 무너지지 않도록 지켜 주시고 자신만의 신앙 태도와 삶의 모습, 하나님 앞의 헌신자로 안전하게 성장하도록 하나님이 이끌어 주옵소서.

비판과 성찰이 늘어나면서 교회의 전통과 신앙에 회의를 품기도 하고, 교회의 약한 모습에 저항도 하겠지만, 그것 때문에 교회를 떠나거나 신앙을 잃어버리는 것이 아니라 더 성숙하게 자라기를 원합니다. 또한 모든 것을 비판하며 이분법적으로 사고하는 과정에서 순수한 신앙적 색깔을 잃기도 하겠지만, 그 또한 더 깊은 신앙의 색을 만들어 가는 과정이 되게 하옵소서. 오히려 반성과 성찰의 에너지와 힘이 하나님과 교회를 향하게 하시고 성경에 대한 건강한 숙고로 이어져 다음 단계의 신앙이 잘 자리할 토대가 형성되게 하옵소서. 예수님의 이름으로 기도합니다. 아멘.

아무 것도 염려하지 말고 다만 모든 일에 기도와 간구로, 너희 구할 것을 감사함으로 하나님께 아뢰라_빌 4:6.

오늘의 기도

매일기도 ☐ 학부모구호 ☐

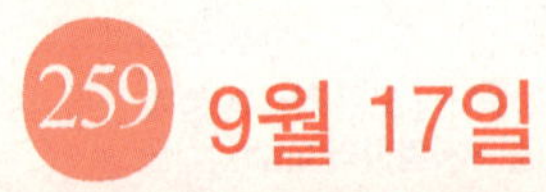

학교의 본질 회복을 위한 기도

하나님, 이 땅의 모든 학교마다 하나님의 사랑, 평화, 공의가 가득하기를 간절히 기도합니다. 무너진 학교의 모습이 하나님이 원하시는 모습으로 회복되기를 원합니다. 학교가 맞고 틀림을 판정하는 곳이 아니라 서로 다름을 이해하고 인정하며 생활하는 곳이 되게 하옵소서. 그 속에서 돌봄과 섬김의 가치를 깨닫고 나눔의 풍성함을 배울 수 있는 사랑의 공동체가 되게 하옵소서.

학교가 능력에 따라 줄을 세우는 곳이 아니라, 따뜻함으로 가르치는 교사와 존경으로 배우는 학생, 그리고 희망을 갖고 격려하는 학부모들이 더불어 살아감을 배우고, 함께 평화의 공동체를 만드는 곳이 되게 하옵소서.

학교가 불의와 억압이 만연한 사회 가운데 정직과 공평을 가르치고 배우게 함으로써 공의의 하나님 나라를 학생-학부모-교사가 미리 맛보게 하옵소서. 학생-학부모-교사가 힘을 모아 학교의 본질을 바르게 세워 가게 하옵소서. 예수님 이름으로 기도합니다. 아멘.

하나님이여 우리가 주께 감사하고 감사함은 주의 이름이 가까움이라 사람들이 주의 기이한 일들을 전파하나이다_시 75:1.

오늘의 기도

매일기도 □   학부모구호 □

가족이 진정한 신앙 공동체를 형성하기를 위한 기도

우리 가족을 하나님의 백성으로 삼아 주신 하나님께 감사를 드립니다. 가정이 하나님께서 만들어 주신 공동체임을 믿고 고백합니다. 명절을 맞이하여 흩어졌던 가정이 한 공동체로 모일 수 있도록 시간을 허락하여 주심에도 감사를 드립니다.

명절을 맞이하여 각 가정이 모였을 때, 이제는 신앙공동체로서 예배를 드리며 다시 한 번 하나님을 각 가정의 주인으로 모시는 시간을 갖게 하옵소서. 함께 모인 친인척이 단순한 혈연 관계를 넘어 성령으로 교통하는 관계로 발전할 수 있기를 원합니다. 하나님의 사랑으로 서로를 섬기고, 격려하며, 한 몸을 이루는 지체 된 식구들을 위해 중보하는 신앙공동체가 되게 하옵소서.

그리하여 각 가정으로부터, 이제로부터 시작된 은혜의 단비가 자녀에게, 그리고 자녀의 자녀에게까지 흘러가게 하옵소서. 은혜의 대 잇기가 이루어지는 신앙공동체가 되게 하옵소서. 하나님의 교회로서 세워 주신 가정을 주심에 감사하며 예수님의 이름으로 기도합니다. 아멘.

감사로 하나님께 제사를 드리며 지존하신 이에게 네 서원을 갚으며_시 50:14.

오늘의 기도

매일기도 ☐ 학부모구호 ☐

한 해 동안 내려 주신 은혜와 결실에 대한 감사 기도

한 해 동안 우리 가정을 지켜 주시고 보호해 주신 하나님께 감사를 드립니다. 하나님의 인도하심으로 가정이 여호와를 경외하게 하시고, 여기까지 자라게 하시니 감사드립니다. 올해가 시작되고 지금까지 사회에서, 나라에서, 가정에서 참 많은 일들이 일어났지만 세상 풍조에 휩쓸리지 않고 가정의 주인 되신 하나님을 따른 저희를 귀히 여겨 주시옵소서.

하나님께서 허락하신 가정과 자녀가 한 해 동안 풍성한 은혜 아래 자라게 하시니 감사합니다. 식구들이 어렵고 힘든 일을 겪을 때도 있었고, 감사하고 행복한 일을 겪을 때도 있었음을 고백합니다. 되돌아보니 걸어온 모든 길이 은혜 아닌 것이 없음을 고백합니다. 특별히 부모와 자녀와의 관계가 더욱더 끈끈해지고, 기도로 자녀를 중보하는 한 해가 되게 하여 주심에 감사드립니다.

지금까지 가정을 이끌어 주신 하나님께서 우리 삶의 여정과 자녀의 앞길에도 동일하게 함께하여 주옵소서. 하나님의 은혜와 섭리를 기대하며 걸어가는 가정이 되게 하옵소서. 예수님의 이름으로 기도합니다. 아멘.

감사의 소리를 들려 주고 주의 기이한 모든 일을 말하리이다_시 26:7.

오늘의 기도

매일기도 ☐ 학부모구호 ☐

민족 고유의 명절, 추석에 드리는 기도

우리에게 고유의 명절 추석을 허락해 주신 하나님께 감사를 드립니다. 예부터 전해내려 온 큰 날, 흩어진 각 가정들이 하나님을 기억하며 모이기를 소망합니다. 보리를 거두며 먹이시고 입히시는 하나님을 이스라엘 백성이 기억하고 감사하며 맥추절을 지킨 것처럼 우리도 한 해 동안 먹이시고 입히신 하나님의 은혜를 기억하기를 원합니다.

가족이 함께 모여 단순히 먹고 마시며 즐기는 것에 그치지 말게 하시고, 삶의 이야기와 함께하신 하나님의 은혜를 나누며 감사하는 시간이 되게 하옵소서. 또한 명절은 어떤 이에게는 생각만 해도 즐겁고 행복한 절기이며, 또 어떤 이에게는 한없이 외로운 날이기도 합니다. 기쁨과 행복을 함께 나누는 가정에도, 또 혼자 명절을 보내는 가정에도 사랑과 은혜로 채워 주시기를 소망합니다.

하나님께서 우리 민족에게 추석이란 명절을 허락하심에 감사하며, 이웃과 함께 그 은혜를 나누는 절기가 되게 하옵소서. 예수님의 이름으로 기도합니다. 아멘.

감사제를 드리며 노래하여 그가 행하신 일을 선포할지로다_시 107:22.

오늘의 기도

매일기도 ❏　학부모구호 ❏

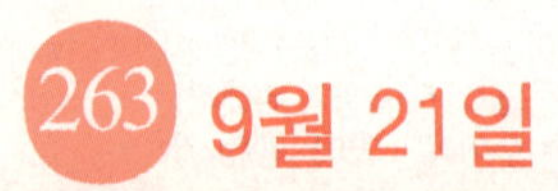

우리가 해야 할 중요한 일은 먼 곳에 있는 희미한 것을 보는 것이 아니라 자기 가까이에 있는 명확한 것을 스스로 실천하는 일이다_토마스 카알라일.

믿지 않는 가족을 위한 기도

모든 사람이 구원받기를 원하시는 하나님, 이 시간 믿지 않는 가족들을 위해 기도합니다. 아직도 하나님을 알지 못하고 하나님의 풍성한 은혜와 사랑을 깨닫지 못하는 가족들을 불쌍히 여겨 주옵소서.

주님, 명절날 가족이 한 자리에 모였을 때, 믿지 않는 가족과 마찰을 일으킬 때가 있습니다. 하나님의 통치하심을 인정하지 못함으로 가족 간에 진정한 만남이 이루어지지 않을 때가 있고, 대화에 한계가 있을 때도 있습니다.

사랑의 주님, 우리 가족 모두가 하나님 없이는 희망이 없음을 깨닫게 해 주옵소서. 아직까지 믿지 않는 가족들이 하나님의 생명과 사랑에 접촉되게 해 주옵소서. 믿지 않는 식구들에게 하나님을 알 만한 것들을 보여 주시고 하나님의 백성이 되게 해 주옵소서. 그리하여 하나님의 권위를 인정하는 가정이 되어 우리의 자녀, 후손들에게 귀한 신앙교육을 전수하는 터전이 되게 하소서. 예수님의 이름을 기도합니다. 아멘.

감사함으로 여호와께 노래하며 수금으로 하나님께 찬양할지어다_시 147:7.

오늘의 기도

매일기도 □ 학부모구호 □

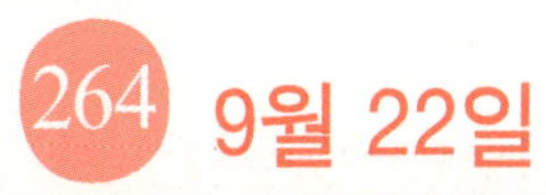

친인척과 가족 간의 우애를 위한 기도

모든 사람으로 더불어 화목하기를 원하시는 하나님, 가족을 통하여 우리에게 사랑의 기술과 훈련이 필요함을 알게 해 주시니 감사합니다. 부모는 진정으로 자녀를 사랑하게 하시고 자녀들은 부모를 마음 깊이 공경할 수 있게 해 주옵소서. 무엇보다도 성경에서 말씀하신 것처럼 말과 혀로만 사랑하는 것이 아니라 행함과 진실함으로 사랑하는 가정이 되게 하옵소서.

하나님, 때때로 우리는 가장 사랑해야 할 가족에게 가장 큰 상처를 받습니다. 그래서 그들을 미워하며 오랫동안 용서하지 못할 때도 있습니다. 그때마다 부드러운 성령님의 역사하심으로 미움의 묶임에서 우리를 자유하게 해 주시고, 용서하지 못하는 마음이 더 이상 우리의 삶을 지배하지 못하도록 막아 주시옵소서.

또한 매일 부딪히는 식구들뿐 아니라 친인척들을 바라보는 우리의 눈이 사랑으로 가득 차게 해 주시고, 저들에게도 하나님의 사랑이 전해지길 소망합니다. 그리하여 가족과 친인척 사이에서 예수님의 사랑과 성품을 배울 수 있도록 우리의 삶을 거룩하게 해 주옵소서. 예수님의 이름으로 기도합니다. 아멘.

기도를 계속하고 기도에 감사함으로 깨어 있으라_골 4:2.

오늘의 기도

매일기도 ☐ 학부모구호 ☐

부모 안의 세속적인 교육 문화의 변화를 위한 기도

우리의 삶을 늘 책임져 주시는 하나님께 감사를 드립니다. 이 땅을 살아가는 우리에게 세상은 공부 잘하고, 좋은 대학에 가고, 좋은 곳에 취업하고, 돈을 많이 벌어 성공해야 한다고 말하며, 자신의 성공이 곧 가족의 성공이라고 말해 왔습니다. 부모인 우리 또한 자녀에게 자녀의 성공이 곧 부모의 기쁨이라는 것을 무의식 중에 가르쳐 왔음을 고백합니다.

또한 다른 아이들과 학업 성적을 비교하며 자녀가 못하면 우울해하고, 더 잘하면 세상을 다 얻은 것처럼 자랑스러워하는 모습이 우리에게 있었음을 솔직히 고백합니다. 비교를 통해, 자녀를 통해 대리만족을 얻으려 했던 우리의 모습을 용서하여 주시옵소서.

세상에서의 자녀 성공과 입신양명을 꿈꾸며 그것으로 만족을 얻는 부모가 되지 않게 하옵소서. 이제는 하나님 안에서의 형통함을 구하며, 자녀의 삶의 위치가 어떠하든지 하나님을 섬기고 세상을 섬기며 영향력을 끼치는 사람이 되는 것을 꿈꾸고 기도하는 기독학부모가 되게 하옵소서. 더 나아가 삶을 변화시키는 기독학부모로부터 하나님의 교육 문화와 풍토가 뿌리내리게 하옵소서. 예수님의 이름으로 기도합니다. 아멘.

아침과 저녁마다 서서 여호와께 감사하고 찬송하며_대상 23:30.

오늘의 기도

매일기도 口 학부모구호 口

30대 이후 자녀의 신앙발달을 위한 기도

인생 전체에 걸쳐 신앙이 지속적으로 발달하게 하신 하나님을 찬양합니다. 하나님이 정하신 질서에 따라 우리의 자녀가 장년이 되어서도 아름다운 신앙을 갖기를 소망하며 기도합니다.

청년 때의 비판적이고 반성적인 신앙의 시기를 넘어서서, 나와 다른 신앙의 색깔과 가치관을 인정하고 포용하게 하옵소서. 신앙의 중심과 토대는 분명하게 지키면서도 다양한 신앙의 입장을 지닌 사람들과도 대화를 통해 관계를 형성하여 그들과도 함께 하나님을 향한 사랑과 헌신을 이루어 가게 하옵소서. 자신이 속한 공동체와 사회 문화와 가치관을 넘어 또 다른 문화와 가치관까지도 이해하고 신앙 테두리 속에 담아 하나님의 마음으로 세계까지 품게 하옵소서.

가정과 교회에서 다음 세대를 신앙으로 양육하는 신앙의 전수자로 굳게 서게 하시고, 인생의 좌절과 고통, 모순까지도 하나님의 깊은 경륜을 묵상하는 가운데 성찰하고 받아들여 신앙의 선배요 멘토로 여러 사람을 바른 길로 이끌게 하옵소서. 예수님의 이름으로 기도합니다. 아멘.

내가 너희를 생각할 때마다 나의 하나님께 감사하며_빌 1:3.

오늘의 기도

매일기도 □ 학부모구호 □

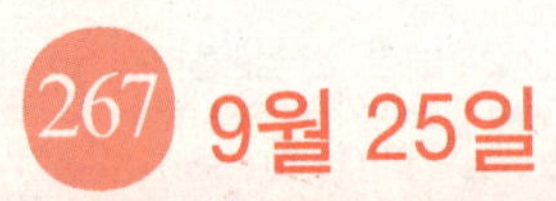

감사하는 마음은 가장 위대한 미덕일 뿐만 아니라 다른 모든 미덕의 근원이 된다_쇠렌 오뷔에 키에르케고르.

자녀의 숨겨진 은사 개발을 위한 기도 : 자연탐구지능

자연 속에서도 섭리하시는 하나님, 자연만물 속에서 외치는 하나님의 찬양을 귀로 듣고 눈으로 바라봅니다. 스치듯 지나가는 바람은 주님의 한결같은 사랑을 노래하고 길가의 풀, 나무, 곤충, 동물들은 모두 창조주 하나님을 향하여 삶을 영위합니다.

하나님께서 맡겨 주신 자녀가 다른 아이보다 자연을 사랑하고, 동물의 아픔에 관심이 많으며, 식물을 잘 기르고 탐구합니다. 자연과 이야기를 나누면서 그것을 탐구하는 자녀의 모습을 못마땅히 여기지 않게 하시고, 하나님께서 만들어 주신 피조물에 관심을 가지고 그것을 탐구하는 자녀가 그 안에서 하나님의 섭리와 질서, 통치 원리를 발견하도록 기도하는 부모가 되게 하옵소서.

그리하여 자녀에게 허락하신 은사가 백분 사용되어, 피조물이 아파하는 이 땅 가운데 귀한 청지기로 사용되게 하옵소서. 자녀를 통해 자연 속에서도 역사하시는 하나님의 모습이 널리 전파되게 하옵소서. 선한 청지기로서 자녀를 세워 주시고 사용하여 주실 것을 기대하며 예수님의 이름으로 기도합니다. 아멘.

말할 수 없는 그의 은사로 말미암아 하나님께 감사하노라_고후 9:15.

오늘의 기도

매일기도 □ 학부모구호 □

인간이 범하는 가장 큰 죄는
감사할 줄 모르는 것이다_미겔 데 세르반테스.

하나님의 교육 정신이 살아 있는 교육정책을 위한 기도

하나님, 우리의 교육을 통해 사랑, 평화, 공의의 하나님 나라가 이 땅에 세워지기를 간절히 기도합니다. 오늘 우리 교육 현장은 각자의 개성과 다양성이 무시되고 인정받지 못하고 있습니다. 서로 돕기보다는 경쟁하여 내가 먼저 올라서야 하고, 과정이야 어떻든 결과만을 중요하게 생각합니다. 이를 위해 다른 사람의 권리를 무시하고, 자신이 가진 힘을 이용하며, 오직 점수로 모든 것을 판단하는 왜곡된 병적 현상이 깊어지고 있습니다.

정권이 교체될 때마다 바뀌는 교육과정과 입시제도는 교육의 본질을 깊이 생각하고 심화해야 할 교육현장을 혼란에 빠뜨리고, 학생들에게 정책 변화에 따른 자기이익만을 저울질하게 하고 있으니 답답하고 안타까울 뿐입니다.

이제 교육정책을 세우는 지도자들에게 지혜를 주시어서 사랑, 평화, 공의가 가득한 세상을 만들기 위해 우리 교육이 나아가야 할 장기적 방향을 정확하게 설정하게 하옵소서. 또한 지금 우리 교육이 당면한 문제의 핵심을 정확하게 파악하여 올바른 해결안을 제시하는 교육정책을 수립하게 하옵소서. 예수님 이름으로 기도합니다. 아멘.

하늘의 하나님께 감사하라 그 인자하심이 영원함이로다_시 136:26.

오늘의 기도

매일기도 ☐ 학부모구호 ☐

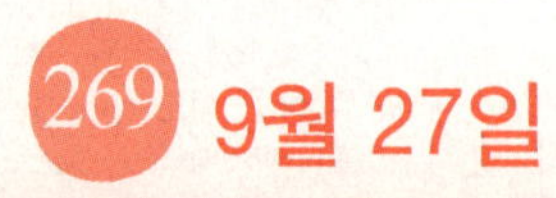

감사에 인색하지 말라.
사람들의 마음은 무의식 중 감사에 주려 있다_브룩스.

교육 관련 공무원을 위한 기도

사람을 세우시고 훈련하시고 사용하셔서서 뜻을 이루시는 하나님, 우리나라의 교육을 책임지고 섬기는 교육 관련 공무원과 전문가들을 지키시고 이끄시기를 원합니다. 또한 이들이 전문성과 실력으로 하나님의 교육을 섬기는 사람들이 되기를 원합니다.

하나님의 교육을 방해하고 막으려는 악한 세력이 여러 통로로 교육 관련 공무원과 전문가들을 유혹하고 위협할 때 하나님이 지켜 주시고, 언제나 올바른 교육의 방향을 찾고, 그 길로 걸어가게 하옵소서. 이들이 하나님이 기뻐하시는 건강하고 바른 교육관과 세계관을 갖기를 원합니다. 또한 자신의 자리를 직업으로만 생각하는 것이 아니라 맡겨진 자리와 일을 소명으로 여기고, 성실한 사명자가 되어 교육을 섬기게 하옵소서.

교육 관련 공무원을 사용하셔서서 이 땅에서 하나님의 교육을 막는 정책과 사업이 힘을 잃게 하시고 하나님이 기뻐하시는 교육이 힘을 얻고 굳게 세워지게 하옵소서. 예수님의 이름으로 기도합니다. 아멘.

내가 기도할 때에 기억하며 너희로 말미암아 감사하기를 그치지 아니하고_엡 1:16.

오늘의 기도

매일기도 ☐ 학부모구호 ☐

9월 28일

감사를 통해 인간은 부자가 된다_디트리히 본회퍼.

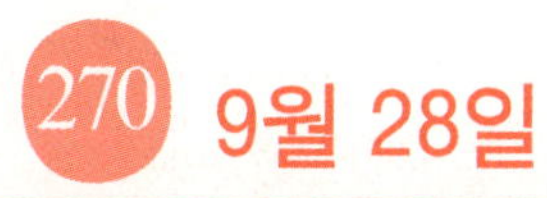

성공중심 교육 문화의 변화를 위한 기도

자녀가 무엇을 하든 그곳에서 선한 영향력을 끼치기를 원하시는 하나님! 자녀를 위해 기도한다고 하면서, 자녀가 삶의 고난 속에서도 하나님만 소망했던 요셉처럼 되기를 바라기보다 총리가 되어 유익을 끼쳤던 요셉만을 기억했던 우리를 용서하여 주시옵소서. 하나님이 말씀하시는 머리가 되고 꼬리가 되지 않는 자녀는 이름 있는 좋은 학교를 나오고 남들이 부러워할 만한 직업을 가져서 그곳에서 영향력을 끼치는 사람이라고 생각했던 우리를 긍휼히 여겨 주시옵소서.

기독학부모인 우리부터 학벌 이기주의, 학벌 지상주의에서 벗어나게 하옵소서. 우리를 묶고 있는 사슬이 끊어지기를 소망합니다. 세상 풍조에 휩쓸리기보다는 기독학부모로서 우뚝 서 물이 바다 덮음같이 하나님의 교육풍토를 일으키게 하옵소서. 거룩한 변화의 물결이 우리에게서 시작되게 하옵소서. 예수님의 이름으로 기도합니다. 아멘.

그들의 땅을 기업으로 주신 이에게 감사하라 그 인자하심이 영원함이로다
_시 136:21.

오늘의 기도

매일기도 ☐ 학부모구호 ☐

인생의 후반기 자녀의 신앙발달을 위한 기도

역사 속에서 하나님의 마음을 뜨겁게 해 드린 신앙의 선배들을 통해 신앙의 모범을 보게 하시고, 성숙의 소망을 갖게 하시니 감사를 드립니다. 우리의 자녀들이 인생 속에서 그리스도의 장성한 분량에 이르기까지 자라고 성장하게 하옵소서.

오직 하나님 한 분을 향한 절대적 신앙 안에서 세상의 모든 다양함을 품어 내고, 모든 차이마저도 하나님의 뜻 안에 묶어 낼 수 있는 신앙적 영향력을 갖게 하옵소서. 이로써 세상의 모든 교만의 소리와 자기를 드러내려는 시도가 부끄러움을 알고 겸손해져서 하나님의 뜻과 하나님의 나라를 섬기는 일에 동참하도록 하옵소서.

우리 자녀들이 세상의 모든 어그러짐과 고통, 아픔과 소외, 문제들과 정의롭지 못한 것에 대하여 오직 십자가 사랑 하나로 치유와 해결이 되어 주신 예수님처럼 하나님이 보내시는 이 땅 곳곳에 기꺼이 달려가 답이 되어 주고, 치유가 되며, 해결이 되어 주게 하옵소서. 하나님의 나라를 위해 헌신하기를 기뻐하는 사람이 되게 하시고, 하나님의 지혜와 인격과 품성을 가지고 행동하는 신앙인이 되게 하여 주옵소서. 예수님의 이름으로 기도합니다. 아멘.

그 안에 뿌리를 박으며 세움을 받아 교훈을 받은 대로 믿음에 굳게 서서 감사함을 넘치게 하라_골 2:7.

오늘의 기도

매일기도 □ 학부모구호 □

9월 30일

각 시, 도 수준 교육과정을 위한 기도

모든 사람을 향한 놀라운 계획을 가지고 계시는 하나님을 기뻐하며 기대합니다. 각 사람을 향한 하나님의 놀라운 계획이 교육을 통해, 무엇보다 각 수준별 교육과정을 통해 성취되기를 간구합니다. 이것을 위해 국가 수준 교육과정에 이어 우리나라의 각 시, 도별 수준 교육과정 또한 교육을 향한 하나님의 뜻을 담아내는 그릇이 되게 하옵소서.

먼저 각 시, 도별 교육 담당 기관과 부서가 서로 마음과 뜻이 잘 연결되게 하시고, 그 모아진 마음과 뜻이 하나님이 기뻐하시지 않는 교육의 길을 벗어나 진정한 교육을 향하도록 이끌어 주옵소서. 각 시, 도의 여러 학교, 학생, 부모와도 소통이 살아 있게 하셔서 교육을 위해 한 몸을 이루는 공동체성이 만들어지기를 원합니다.

이런 환경 안에서 교육을 직간접적으로 섬기는 사람들이 섬겨야 할 시, 도의 상황과 특성, 환경 등 교육을 위한 여건과 조건을 잘 파악하고, 현재는 물론 미래를 위해 어떤 교육의 길을 선택해야 할지를 깊이 성찰하여, 가장 적절한 교육의 길과 큰 그림을 찾을 수 있도록 역사하여 주옵소서. 이 모든 과정에서 교육을 향한 하나님이 뜻이 주권적으로 역사하기를 간절히 소원합니다. 예수님의 이름으로 기도합니다. 아멘.

감사제를 드리며 노래하여 그가 행하신 일을 선포할지로다_시 107:22.

오늘의 기도

매일기도 □ 학부모구호 □

부록 1
기도예전

기도예전은 매일기도와는 별도로

특별한 날이나 순간들을 위한 기도입니다.

각 기도는 정해진 방법에 따라 매일묵상기도와 함께합니다.

기도예전을 위한 기도들은 다음과 같습니다.

- 이른 비/늦은 비 축복기도
- 생일을 위한 기도

이른 비/늦은 비 축복기도 1

※ 아침에 출근할 때나 자녀를 학교에 보낼 때는 아버지가,
저녁에 자기 전에는 어머니가 축복기도를 합니다.

※ 말씀에 있는 '네, 너, 당신들' 대신 자녀의 이름을 넣어도 됩니다.

※ 두 개의 번역본 가운데 하나를 골라 사용하시면 됩니다.

이른 비/늦은 비 축복기도 2

주님이 그대 앞에 계셔서
그대에게 바른 길 보이시기 바랍니다.
주님이 그대 곁에 계셔서
그대를 팔로 껴안아 지키시기 바랍니다.
주님이 그대 뒤에 계셔서
못된 사람들의 나쁜 계획에서
그대를 보전하시기 바랍니다.
주님이 그대 아래에 계셔서
그대가 떨어지면 받아 주시고,
그대를 덫에서 끄집어 내시기 바랍니다.
주님이 그대 안에 계셔서
그대가 슬퍼할 때에 그대를 위로하시기 바랍니다.
주님이 그대 둘레에 계셔서
남들이 그대를 덮칠 때 막아 주시기 바랍니다.
주님이 그대 위에 계셔서
그대에게 복 주시기 바랍니다.
이처럼 그대에게 은혜로우신 하나님이
복 주시기 바랍니다.

※ 아침에 출근할 때나 자녀를 학교에 보낼 때는 아버지가,
저녁에 자기 전에는 어머니가 축복기도를 합니다.
※ 기도문에 있는 '그대' 대신 자녀의 이름을 넣어도 됩니다.
※ 위 기도는 독일 개신교 찬송가 뒤에 있는
'길 나서는 이를 위해 복을 비는 기도'를 우리말로 번역한 것입니다.

어린 자녀를 위한 이른 비/늦은 비 축복기도

(머리를 감겨 주거나, 손을 얹어 안수하며)
하나님, 이 아이의 머릿속은
주님을 경외하는 것으로 가득차게 하옵소서.

(얼굴을 씻겨 주거나, 손을 얹어 안수하며)
이 아이의 얼굴은 하늘을 바라보며 자라게 하소서.

(입 안을 씻겨 주거나, 손을 얹어 안수하며)
이 아이의 입에서 나오는 모든 말은
경건한 말, 긍정의 말이 되게 하소서.

(손을 닦아 주거나, 손을 얹어 안수하며)
이 아이의 손은 사람을 칭찬하고
나눠 주는 손이 되게 하소서.

(가슴을 닦아 주거나, 손을 얹어 안수하며)
이 아이의 가슴에
나라와 민족이 들어서게 하소서.

(배를 씻겨 주거나, 손을 얹어 안수하며)
이 아이의 몸속 모든 기관, 오장육부는
튼튼하고 강건하게 하소서.

(성기를 씻겨 주거나, 손을 얹어 안수하며)
결혼하는 날까지 순결을 지켜
거룩한 백성을 자녀로 갖고
행복한 가정을 이루게 하소서.

(다리를 씻겨 주거나, 손을 얹어 안수하며)
부지런한 다리가 되어
온 나라와 민족을 먹여 살리게 하소서.

(엉덩이를 씻겨 주거나, 손을 얹어 안수하며)
교만한 자리에 앉지 않게 하소서.

(등허리를 씻겨 주거나, 손을 얹어 안수하며)
부모를 의지하지 않고
하나님만을 의지하게 하소서.

※ 아침에 자녀를 깨울 때는 아버지가,
  저녁에 목욕시킬 때나 자기 전에는 어머니가 축복해 줍니다.
※ 기도문에 있는 '이 아이' 대신 자녀의 이름을 넣어도 됩니다.

생일을 위한 기도

참 좋으신 하나님,
오늘 하나님이 선물로 주신 자녀 ○○○의 생일을
맞이하게 해 주시니 참 감사합니다.
하나님께서 놀라운 목적과 계획 가운데
○○○를 이 땅에 보내시고,
지금까지 은혜와 사랑으로 돌보아 주심에 감사드립니다.
부족한 부모에게 아빠, 엄마라는 귀한 이름을 주신 하나님,
처음 ○○○를 마주했던 그 설렘과 감사를 잊지 않게 하시고
하나님의 형상인 우리 자녀를
하나님의 눈빛으로 바라보게 하옵소서.
하나님, ○○○가 마음과 뜻과 힘을 다하여
하나님을 사랑하게 하옵소서.
삶의 순간순간마다 창조주 하나님을 기억하게 하시고,
키와 지혜가 자랄수록 하나님과 사람에게 사랑받게 하옵소서.
이 세상의 빛과 소금으로, 착한 행실로
주님께 영광올려 드리는 삶을 살아가며,
거룩한 하나님의 증인으로
주님을 전하는 삶을 살아가게 하옵소서.
부모인 제가 하나님의 뜻대로 자녀를 기르게 하시고
부모로서 자녀들에게 행할 것이 무엇인지 알게 하셔서
자녀를 신앙 가운데 잘 양육하게 하옵소서.
연약하고 부족한 부모의 기도를 들어주실
신실하신 아버지 하나님을 의지하오며
예수님의 이름으로 기도합니다. 아멘.

자녀가 생일을 맞았을 때는 이른 비/늦은 비 기도 시간에 위의 기도를 합니다.
물론 두 기도를 함께해도 좋습니다.
그럴 때는 위의 기도를 먼저 한 뒤 이른 비/늦은 비 축복기도를 합니다.

부록 2
가정예전

기독학부모의 가정은 매일의 가정예전을 통하여

하나님의 마음과 뜻 아래

가족 구성원이 서로 소통하고 사랑 나누기를 기대합니다.

7,8,9월의 가정예전는 다음처럼 드릴 수 있습니다.

- 7월 가정예전 : 온 가족이 함께하는 2박 3일 신앙여행
- 8월 가정예배 : 광복절에 드리는 예배
- 9월 가정예배 : 추석에 드리는 예배

가정예배를 드립시다!

　‘기독학부모’는 ‘기독’이 ‘학부모’에 스며 있고 ‘학부모’가 ‘기독’ 안에서 그 분명한 의미와 목적을 발견하는 우리가 진정으로 추구하는 유형입니다. 그래서 ‘기독학부모’는 기독교적인 관점으로 교육을 바라봅니다. ‘내 자녀’에게만 초점을 맞추어서 노력을 경주하지 않습니다. ‘기독학부모’는 이 땅의 교육과 자녀들을 두고 하나님의 마음으로 중보하며 믿음의 실천을 해 나갑니다. 우리는 그 작은 실천의 하나로 각 가정마다 가정예배가 회복되기를 소원합니다.

　이를 통해 우리의 가정은 기쁨과 감격으로 예배하는 공동체로 세워지게 될 것이며 여호와 경외교육이 생활과 삶에서 전수될 것입니다.

우리 집 가정예배 세우는 세 걸음

① 첫 걸음: 하루에 20-30분 정도 시간을 확보하세요.

부모가 원하는 시간보다는 자녀가 함께할 수 있는 시간으로 정합니다. 하루에 한 번이 어려울 경우 우리 가정예배의 시간을 자녀들과 정해봅시다.

② 두 걸음: 각자의 역할을 분담해 주세요.

말씀은 부모 중 한 분이, 기도는 자녀들이 하도록 합니다. 때로는 자녀들이 성경말씀을 나누어도 좋습니다.

③ 세 걸음: 하나님을 예배하는 시간이 되도록 주의해 주세요.

가정예배가 자녀들에게는 부모님을 설득하여 무엇을 얻기 위한, 부모들에게는 자녀들에게 잔소리하기 위한 시간이 되지 않도록 주의하면서 우리 가정을 향한 하나님의 마음을 품고 서로 마음을 열고 기도하며 축복하는 시간이 되도록 합시다.

♪ **찬양 나눔**
(5분)

다함께

자녀의 연령에 맞는 찬양,
악보를 보지 않고 부를 수 있는
축복의 찬양이면 좋습니다.

📖 **말씀 나눔**
(5-10분)

맡은이

말씀봉독은 자녀가,
말씀선포는 부모가
할 수 있습니다.

♡ **사랑 나눔**
(10분)

다함께

교회, 학교, 회사에서 있었던 일을
나누며 중보의 시간을 갖습니다.

✝ **기도 나눔**
(2분)

다함께

시리즈 안의
'이른 비 늦은 비 기도'를 사용하셔도
좋습니다.

7월 가정예전 - 온 가족이 함께하는 2박 3일 신앙여행 [1]

여름방학을 맞이하여 해외나 국내의 유명한 관광지로 여행을 떠나는 가족을 쉽게 만날 수 있다. 하지만 자녀와 함께 의미 있는 신앙여행을 떠나, 한국교회의 믿음의 선조들의 이야기를 들려주는 부모는 많지 않다. 이번 여름, 신앙의 대 잇기가 가정에서 이루어 질 수 있도록 〈2박 3일 신앙여행〉을 떠나 보는 것은 어떨까? 이 여행을 통하여 한국교회의 이야기뿐 아니라, 우리 가정의 신앙의 이야기가 전해지길 소망한다.

[Step 1] 각자 역할 정하기

2박 3일 신앙여행 속에서 각자가 맡을 역할을 정하여, 풍요로운 신앙여행이 될 수 있게 하자.

---

1) 기독학부모신문 14호 2면 참조

섬김이

경건이

[Step 2] 신앙여행의 지역군 정하기

온 가족이 모여 우리나라 지도를 펴놓고 아래의 지역 중 가족이 함께 신앙여행을 떠날 곳을 정한다. 부모의 고향이 있는 지역을 선택하거나, 여행 후반에는 부모의 신앙여정을 함께 탐방해도 좋다.

서 울	양화진 외국인 묘지, 정동제일교회, 배재학당, 이화학당, 숭실대 기독교 박물관, 종교교회, 광혜원, 언더우드家 기념관 등
경기권	제암리교회(화성), 기독교 순교자 기념관(용인), 한국 기독교백주년 기념탑(인천), 백령도 중화동교회와 기독교 역사관, 주안국제성서박물관(주안 감리교회) 등
강원권	철원제일교회, 한서교회와 남궁억 기념관(홍천), 철원 장흥교회와 서기훈 목사 순교기념비, 최인규 권사 순교 기념비와 천곡교회 등
충청권	해미 생매장 순교지, 아우내장터 매봉교회 유관순 생가(천안), 병촌교회(논산), 고대도(보령), 강경성결교회와 최초 신사참배거부 선도 기념비(논산), 한국 최초 성경 전래지(서천 마량리), 청주제일교회와 로간 선교사 기념비, 청주탐봉 선교사 양관단지와 기념비 등

영남권	웅천교회와 주기철 목사 생가(진해), 자천교회(영천), 마산문창교회, 산정현교회 등
호남권	애양원, 손양원 목사 순교기념관(여수), 기독교선교역사박물관(순천), 기독교선교100주년기념관 및 웅동교회(광양), 금산교회(김제), 지리산 노고단 선교유적지, 23인 순교지 두암교회(정읍), 구림교회(영암), 구암교회(군산), 아펜젤러 순교기념교회(군산), 소록도(고흥), 오웬 기념관(광주), 우월순 선교사 생가(호남신대 내) 등
제주권	이기풍 선교사 기념관, 금성교회(애원읍), 성안교회, 대정교회와 이도종 목사 기념비, 강병대교회 등

[Step 3] 여행 일정 짜기

지도를 펴놓고 지역의 성지를 선택해 함께 일정을 짠다. 서울-경기 지역의 신앙여행 일정을 예를 들면 다음과 같다.

첫째 날

출발 - 선교 100주년 기념탑(인천) - 차이나타운 구경 및 점심 식사 - 양화진(서울 합정동) - 연세대 언더우드家 기념관 - 저녁 및 휴식(신앙여행일지 쓰고 나누기)

둘째 날

화성으로 출발 - 제암리교회, 순국기념관 - 식사 - 화성 우리 꽃 식물원 견학 - 용인으로 이동 - 기독교박물관 - 저녁 및 휴식(신앙여행일지 쓰고 나누기)

셋째 날

양지로 출발 - 소래교회 - 점심- 부모님 모 교회 탐방(부모님 신앙 이야기 듣기) - 집으로

[Step 4] 탐방할 성지 조사하기

모든 가족이 분담하여 신앙여행을 떠날 성지에 대해 간략히 조사하고 나누는 시간을 갖는다. 예를 들어, 첫째 자녀가 제암리 교회에 대해 조사하였다면, 제암리교회에 도착해서는 첫째 자녀가 준비해 온 내용을 발표하고 소개하는 시간을 갖는다.

[Step 5] 포트폴리오 만들기

신앙여행을 마무리한 후에는 사진과 매일 기록한 '신앙여행일지'를 바탕으로 〈2013년 우리 가족 신앙여행 Ver.1〉이라는 포트폴리오를 만들어 보도록 하자. 신앙여행일지는 다음과 같은 형식으로 써도 좋다.

신앙여행일지

년   월   일

• 장소

예) 양화진 외국인 묘지

• 위치

예) 서울 마포구 합정동 144번지

• 양화진 이야기

양화진에 묻힌 선교사님의 이야기를 기록해 주세요.

• 나의 이야기

양화진 탐방 후 느낀 점을 기록해 주세요.

8월 가정예배 - '광복절'에 드리는 예배

★ 때 : 8월 15일 '광복절'
★ 장소 : 가족이 편하게 모일 수 있는 곳(거실, 식탁 등)
★ 활동 : 광복의 의미를 알고 나라 사랑 결심하기

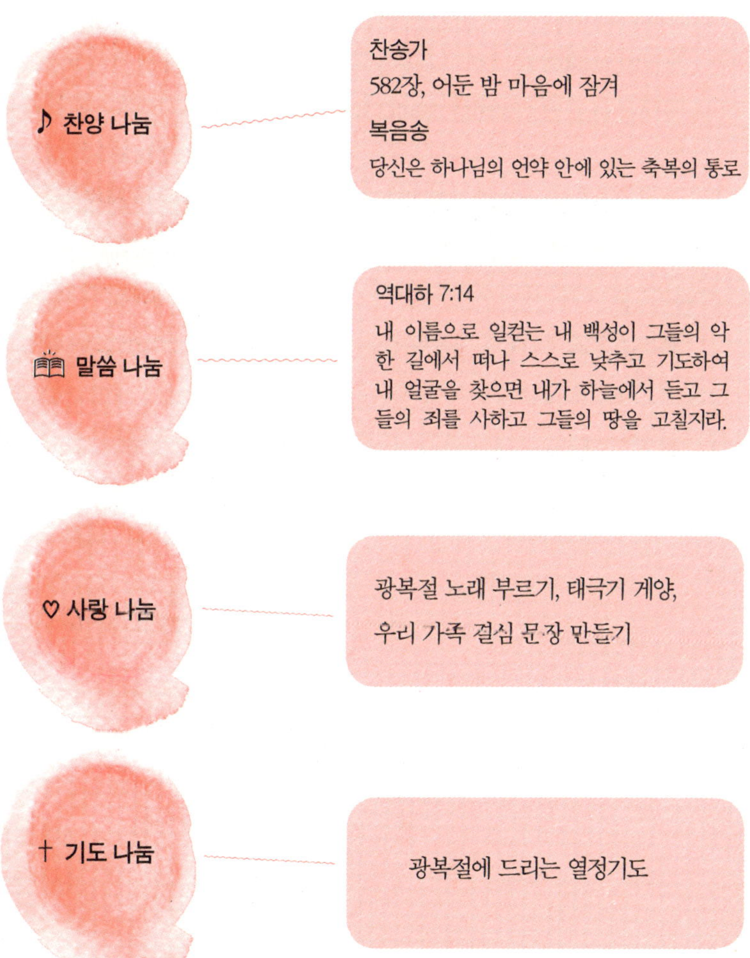

자녀들과 함께 하나님의 말씀을 나눕니다.

광복절은 어떤 날일까요? 광복절 하면 기억나는 인물이 있나요?(자녀들의 이야기를 적극적으로 경청하며, 고개를 끄덕입니다.)

1945년 8월 15일, 제2차 세계대전에서 일본이 연합군에 패하여 항복했습니다. 그때 우리나라가 일제에서 해방된 것을 기념하는 날이 바로 광복절입니다. 문자 그대로 바로 빛을 되찾고, 우리나라의 주권을 되찾은 날입니다. 일본은 우리나라를 35년 동안(1910.8.29-1945.8.15) 식민지로 삼았고, 우리의 민족문화, 언어도 마음대로 쓰지 못하게 했습니다. 어둡고 괴로운 우리 민족에게 하나님은 빛을 주셨습니다. 포로 된 자에게 자유를 주시는 그 하나님이 우리에게 해방을 주신 것입니다.

이 광복절에 나라가 얼마나 소중하고 귀한지 생각하면서 우리나라를 위해서 기도하길 원합니다. 존 낙스는 "기도하는 한 사람은 기도하지 않는 한 민족보다 강하다"고 했습니다. 하나님께 기도함으로 복을 누리는 우리나라, 우리 민족이 되기를 간절히 구해야 합니다.

말씀은 먼저, 하나님을 신뢰하는 믿음의 사람들이 악한 길에서 떠나야 한다고 말하고 있습니다. 하나님이 슬퍼하시는 악은 무엇이 있을까요? 지금 우리나라를 볼 때에 어떤 것을 두고 하나님이 슬퍼하실까요?

하나님은 우리가 죄를 먼저 깨닫고 회개하여, 악한 길에서 떠나고 겸손한 마음으로 하나님께 나아가기를 원하십니다. 교만한 모습이 아니라, 어느 누구의 눈치를 보는 것이 아니라 하나님의 얼굴을 구하고 하나님의 언약의 말씀을 믿으며 이 땅을 향해 중보해야 합니다. 이렇게 할 때, 하나님은 우리의 죄를 용서해 주시고 이 사회도 고쳐 주시며 우리의 땅을 회복시켜 주실 것입니다.

'태극기 게양' 및 '광복절 노래'를 부른 후 결심문장을 완성합니다.

광복절 노래

정인보 작사 / 윤용하 작곡

흙 다시 만져보자 바다 물도 춤을 춘다
기어이 보시려던 어른님 벗님 어찌하리
이 날이 사십년 뜨거운 피 엉긴 자취니
길이 길이 지키세 길이 길이 지키세

우리 가족 결심문장 만들기

우리나라 대한민국은 _______________________ 이다.
우리나라 대한민국은 _______________________ 이다.

그래서 나는 _______________________ 할 것이다.
나는 _______________________ 할 것이다.
우리 가족은 _______________________ 할 것이다.
우리 가족은 _______________________ 할 것이다.

광복절 열정기도를 함께 드립니다.

9월 가정예배 - '추석'에 드리는 예배

★ 때 : 추석
★ 장소 : 가족이 편하게 모일 수 있는 곳(거실, 식탁 등)
★ 활동 : 우리 가족 감사 기도제목 나누기

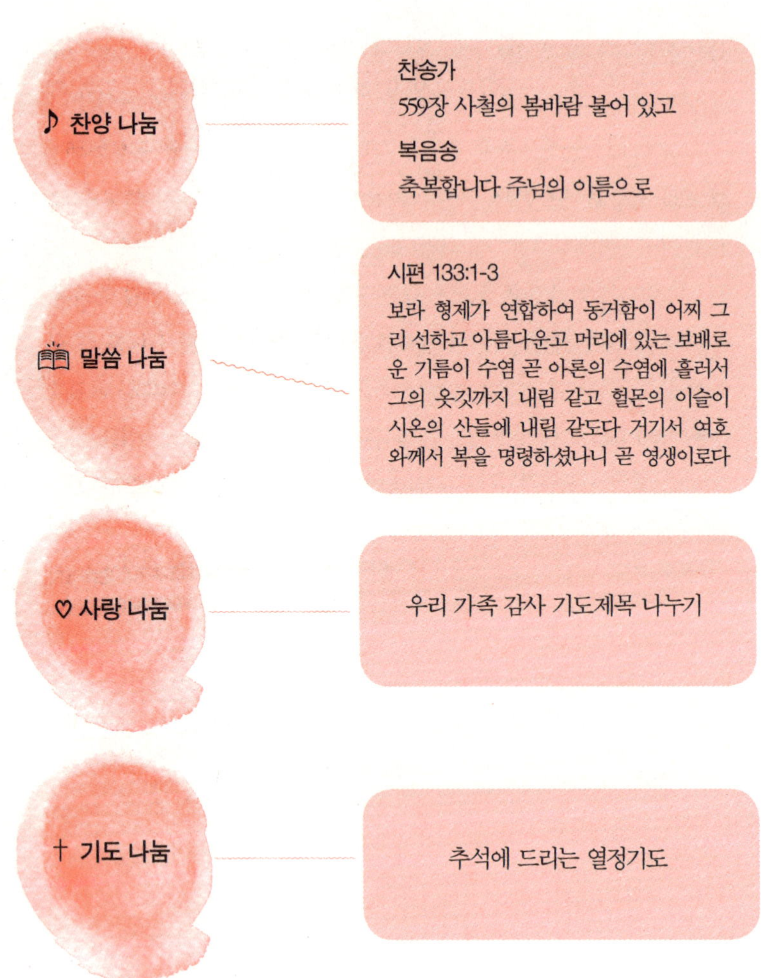

자녀들과 함께 하나님의 말씀을 나눕니다.

민족 고유의 명절, 추석을 맞이하여 우리 가족이 함께 모여 예배하게 되어 참으로 감사합니다. 먼저, 한 해를 돌아보며 우리 삶에 열매를 맺게 하시는 하나님께 감사와 영광을 드립니다. 그리고 흩어져 있는 우리 가족이 이렇게 건강한 모습으로 만나게 되어 참 감사합니다. 우리 삶의 처소에서 주님을 찬양하는 가족이 되기를 더욱 기도하고 기대합니다.

예로부터 추석은 감사가 있는 명절입니다. 하나님을 알지 못했을 때는 조상들의 은덕으로 알아 조상께 감사했고, 막연히 우주만상을 헤아리는 하늘에 감사했습니다. 믿음의 사람들은 온 세상을 주관하시고, 우리 삶을 면밀하게 이끄시는 하나님을 알기에 감사의 마음으로 예배드릴 수 있습니다.

오늘 말씀에 그 하나님이 참 선하고 아름답게 여기는 것이 있다고 합니다. 그것이 바로 형제가 연합하여 동거함이라고 합니다. 이 말은 남편과 아내, 부모와 자녀, 형제 간 화목한 가정을 의미합니다.

그 화목한 가정을 두 가지로 설명할 수 있는데 먼저는 '머리에 있는 보배로운 기름'입니다. '머리에 있는 보배로운 기름'은 대제사장 아론을 임명할 때 부은 것으로 하나님과 사람의 중보가 되어 연합시키는 사역이었습니다. 형제가 연합하여 동거하는 가정은 중보자로 서고 일치하게 하며 연합하게 하는 그런 가정입니다. 다음으로 '헐몬의 이슬'입니다. 강수량이 적은 시온의 산들이지만 높은 곳의 헐몬산에서 눈이 증발한 수증기가 밤이 되면 이슬이 되어 땅을 적십니다. 그래서 식물들이 잘 살게 됩니다. 그 이슬이 마르고 마른 땅을 적셔 생명을 풍성하게 하는 것을 가정의 모습으로 삼았습니다.

우리의 가정은 복을 누리도록 하나님이 세우신 곳입니다. 형제가 연합하여 동거하면서 주님의 복인 영생을 누리는 아름답고 열정적인 하나님의 가족이 되기를 간절히 소원합니다.

♡ 사랑 나눔

우리 가족의 감사 기도제목을 함께 나눕니다.

이름 :	이름 :
감사제목	감사제목
①	①
②	②
기도제목	기도제목
①	①
②	②

✝ 기도 나눔

추석의 열정기도를 함께 드립니다.

Memo

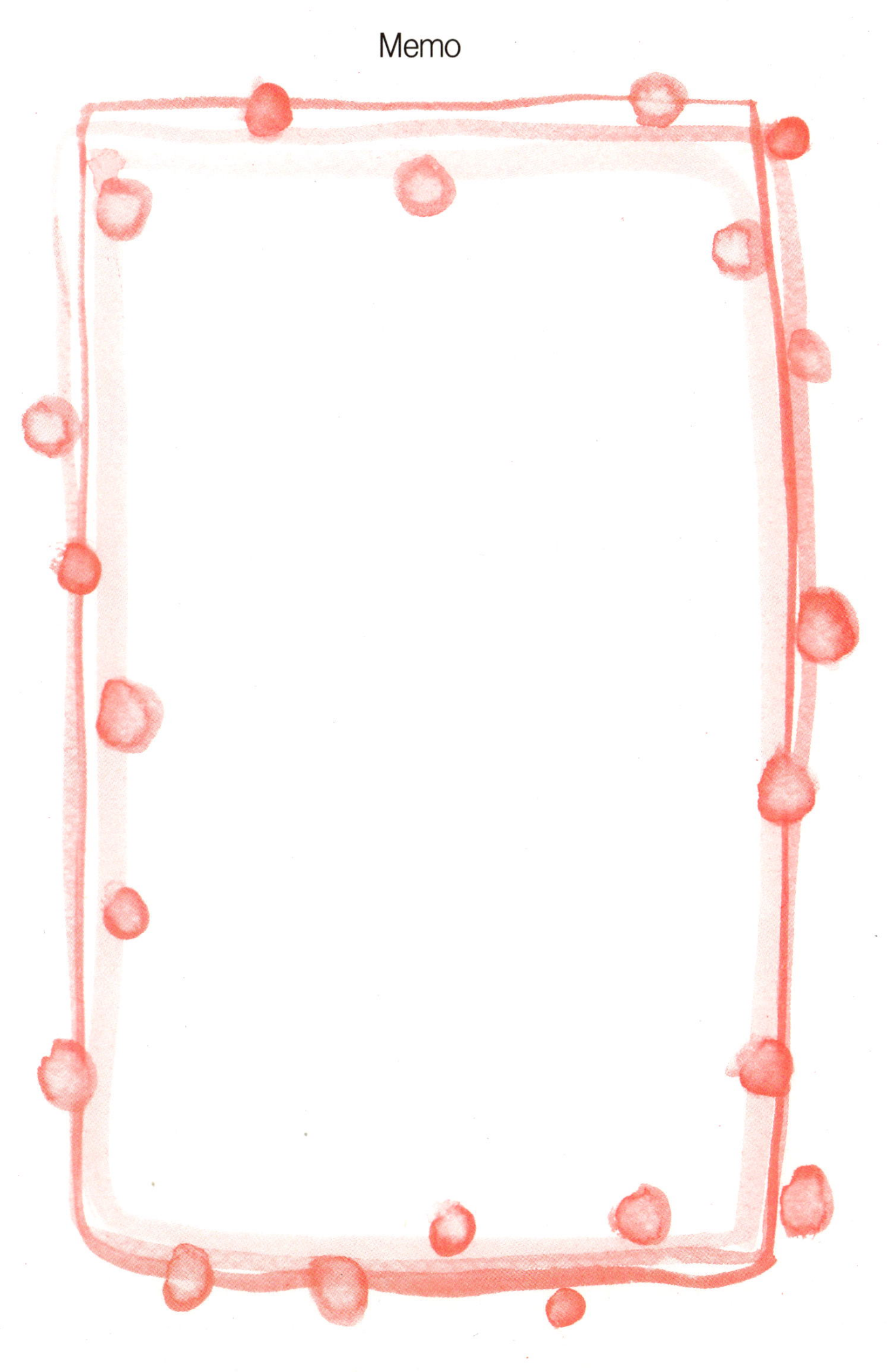

기독학부모 기도운동 시리즈 3

열정기도

1판 1쇄 찍은 날 · 2013년 6월 18일
1판 1쇄 펴낸 날 · 2013년 6월 25일
1판 2쇄 펴낸 날 · 2017년 9월 25일
기획 · 박상진
책임편집 · 노현욱, 도혜연, 신은정
글쓴이 · 김세범, 김세진, 김준태, 노현욱, 도혜연, 박재화,
배윤선, 서성애, 신남현, 신은정, 윤영근, 이신혜, 이주원 (총 13명, 가나다순)

※ 이분들은 기독학부모교실을 진행한 교회의 교역자 및 기독교학교 교사, 학부모들로
기독학부모운동을 위해 헌신해 주신 분들입니다.
※ 본 기도책자와 기독학부모기도운동 관련 문의는
기독교학교교육연구소로 연락 주시기 바랍니다.
☎ 02-6458-3456

펴낸이 · 김승태
펴낸 곳 · 예영커뮤니케이션
등록번호 · 제2-1349호(1992. 3. 31)
주소 · (136-825) 서울시 성북구 성북1동 179-56
홈페이지 www.jeyoung.com
출판사업부 · T. (02)766-8931 F. (02)766-8934 e-mail: jeyoungedit@chol.com
출판유통사업부 · T. (02)766-7912 F. (02)766-8934 e-mail: jeyoung@chol.com

Copyright ⓒ 2013, 기독교학교교육연구소

ISBN 978-89-8350-845-4 (04230)
978-89-8350-824-9 (세트)

이 도서의 국립중앙도서관 출판시도서목록(CIP)은 서지정보유통지원시스템 홈페이지(http://seoji.nl.go.kr)와
국가자료공동목록시스템(http://www.nl.go.kr/kolisnet)에서 이용하실 수 있습니다.
(CIP제어번호: CIP2013008599)

값 5,000원